JN027878

POWER WISH Note 2024

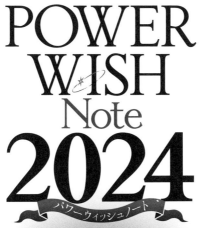

パワーウィッシュノート

パワーウィッシュ創始者
Keiko

2024. 3/25 天秤座 満月 – 2025. 3/14 乙女座 満月

KODANSHA

✦ Contents

✦ Introduction
はじめに

自問自答を繰り返してきたあなたへ

いま、自分の生き方を見つめ直す人が増えています。

「私がやりたいことって何だろう?」
「私に向いていることは何?」
「いままでの生き方でいいの?」
「思いっきり人生を変えたい!　でも何から始めていいのかわからない…」

この数年、そんな自問自答を繰り返してきた方も多いでしょう。
では、ここで質問。**「答えは見つかりましたか?」**

YES!　と答えた方は……おそらくわずかでしょう。
それもそのはず、これはすぐに答えが出るようなものではないから。
そもそも、自分が本当にやりたいことを頭で考えて、わかるはずがありません。
やりたいことというのは思考ではなく、「本能」。
考えるものではなく、感じるものですよ。
自分に相応しい生き方だってそう。
実際身体を動かし、細胞レベルでいろんなことを感じながら、少しずつ明確
になっていくものなのです。

物事にはタイミングがある

ご存じでしょうか?　自分と向き合うにも「タイミング」があるということを。
私たちはふだん、顕在意識(意志や理性)にしたがって生きています。
でも、自分の顕在意識にいくら自問自答したところで、真の自分に向き合うこ
とにはなりません。

というのも、顕在意識は平気でウソをつくから。
顕在意識の正体は理性であって、あなたの真の声ではない。
本音と建前でいうなら、顕在意識はあくまでも建前。本音ではありません。
では、本音はどこに潜んでいるのか——
文字通り、「潜在意識」。そう、あなたの潜在意識の中にこそ、本音が潜んでいるのです。
となれば、潜在意識にアクセスできるタイミングでないと、自分と向き合う意味がないと思いませんか?

さきほど申し上げた通り、私たちはふだん、顕在意識だけで生きています。
一方、潜在意識が顔を出すのは、私たちが眠りについたときのみ。
とはいえ、就寝中、私たちは意識がありませんから、潜在意識にアクセスするのは事実上、不可能ということになります。

2024年の鍵を握るのは「月」

唯一の例外は、新月・満月のとき。
新月・満月では月と太陽が特別なアスペクト（位置関係）をとるため、ふだん起こり得ないことが起こる——
つまり、潜在意識へのアクセスが可能になるのです!

加えて2024年は、月の威力と影響力が、これまでになく強まる1年。
新月・満月の威力がパワーアップすることは言うまでもありません。
つまり2024年は、潜在意識という「人生のレール」を再構築するベストタイミングなのですね。

生まれや環境に流されたままで終わる人生と、自らの手で思い通りにクリエイトしていく人生—— さあ、あなたはどちらを選びますか?

Keiko

新月満月を最強効率で遣う
Keiko's占星術で
人生をイメージ通りにクリエイト

パワーウィッシュノートを使えば
宇宙にエコヒイキされるのはいとも簡単！

　願いが叶うかどうかはズバリ、「書き方」しだい。願いがなかなか叶わないと、「真剣さが足りなかったんだわ」とか「瞑想してから書くべきだったのかも」などと思う方もいらっしゃるようだけど、正直、そんなこと一切関係ナシ。**重要なのは「宇宙をその気にさせる書き方をすること」**——つまるところこれだけ！

　宇宙ってけっこう単純だから（笑）、自分のペースについてこられる人をエコヒイキするクセがあるの。なので私たちとしては、新月と満月の違いやサイン（星座）の違いといった、**その時々の宇宙コンディション**にしっかり合わせて書くことが何よりも大事。もちろん、宇宙とアンカリングしてから書くのは大前提よ。ここではまず、「パワーウィッシュのルール」の確認を。

Rule 1　新月は決意にフォーカスし、満月は感謝の気持ちを書く

パワーウィッシュの基本は新月と満月、両方のエネルギーをバランスよく遣うこと。というのも、「新月で意図し（＝種を蒔き）、満月で受け取る（＝収穫する）」のが宇宙サイクルだからよ。宇宙コンディションに合わせたパワーウィッシュでは、新月で決意にフォーカス、満月で感謝の気持ちをつづるのが基本。満月では、未来のことでも、すでに叶ったつもりで書くのがポイント。

Rule 2 新月・満月が起こるサインの「得意分野」を意識する

新月と満月が、原則として毎回違うサイン（星座）で起こることをご存じかしら？　たとえば2024年9月の新月は乙女座、10月の新月は天秤座とか。満月も同様。つまり、新月・満月という点は同じでも、もっているエネルギー（＝願いが叶いやすい分野）が違うのね。サインの得意分野を意識して書けば、現実化がよりスムーズに。

Rule 3 なぞるだけ！　アンカリングフレーズ（冒頭）とアンカリングワード（締め）は成就の神髄

アンカリングフレーズは、宇宙Wi-Fiのスイッチを入れ、宇宙とあなたをつなぐ魔法の言葉。新月と満月では違うフレーズなので注意して。ただし、このノートではなぞるだけでよい設計に。パワーウィッシュの冒頭がアンカリングフレーズで、「締めの言葉」がアンカリングワード。これもページ下に載っているから心配なし。

Rule 4 波動の高い言葉を遣って宇宙とのつながりを強化

「アンカリングフレーズ」「アンカリングワード」を遣うと、なぜ宇宙と瞬時につながれるのか？　それは、言葉自体がパワフルな波動をもっているから。波動の高い言葉は大きな呼び出し音、宇宙に対するアピール道具と考えて。「愛」「感謝」「信頼」など高波動の言葉を盛り込んだパワーウィッシュは、宇宙と波動を合わせるアクションそのもの。

Rule 5 新月・満月から10時間以内に書き終える

パワーウィッシュは「可能性の種蒔き」。新月・満月が起こる正確な時間から「10時間以内に書き終える」ことが、この種を早く大きく育てるコツ。10時間以内というのは、私が長年経験してきたなかで「パワーウィッシュ効果が高い」と実感できた時間。もし無理であれば、24時間以内に。気をつけてほしいのはフライング。時間前に書くと効果は半減。

※波動の高い言葉の具体例は、『新月・満月のパワーウィッシュ　Keiko的 宇宙にエコヒイキされる願いの書き方』(p.58 パワーワード例）をご覧下さい。

Technique

人生を確実にクリエイトしたい！
ならば、5つのテクで宇宙に念押し♪

**精度を上げる上級テクニックも
パワーウィッシュノートを使えば楽々と！**

　前ページの「パワーウィッシュのルール」を守っていただければ、たいていの願いは叶うはず。とはいえ、願いの中には当然、難易度の高いものもあるわよね。**願いと現実の差が大きければ大きいほど、難易度も上がってくるのは当然のこと。**

　でも、だからといって、「こんな夢みたいなこと叶うわけないわ」などと思ってほしくないの。すぐ手の届くようなことだったら、わざわざパワーウィッシュを書く必要もないでしょ？

　とはいえ、少しでも成就率を上げたいなら、**それなりの策を講じないといけない。それが、ここでご紹介する5つのテクニック。**「確実に叶えたい！」「最速で叶えたい！」というときも、この5つは有効。ピンときたものだけやってみるのもOKよ。

**月星座を
調べたい方は
Keikoの
無料ホロスコープ
サイトへ。**
moonwithyou.com

Technique 1 マイ月星座での新月・満月ならミラクルウィッシュに!!

　マイ月星座での新月・満月とは、「あなたの月星座」で起こる新月・満月のこと。この究極のパワーチャージデーがめぐってくるのは、通常1年に2回（新月・満月1回ずつ）。この日は宇宙のパワーがあなたに集中するので、ムリめのことも躊躇せず書いてみて。パワーウィッシュを書ける時間も48時間に延長するし、このときばかりは、サインのテーマも気にしなくてOK！

Technique 2 水星逆行のタイミングで見直しをすればカンペキ

水星は「文字」「言葉」を司る惑星。水星が逆行する3週間（年に3〜4回）は、以前書いたものを見直す絶好のチャンス！音読すると潜在意識により深く刷り込まれ、願いが叶いやすくなる効果が。以前書いた願いの修正も可。イメージングやムーンコラージュを実行するのもオススメよ。

Technique 3 ムーンコラージュの力を借りて、願いを最速で現実化

パワーウィッシュノートは、見開きページの右側にパワーウィッシュを書き、左側にそれを象徴する写真やイラストを貼りつける（ムーンコラージュ）仕様。新月・満月の日に両方やってもいいし、水星逆行中にムーンコラージュだけやるのもOK。イメージング効果で宇宙への伝達がよりスピーディーに。

Technique 4 ムーンウォーターとのコラボで成就力アップ

やり方は2通り。[A]ノートにパワーウィッシュを書き、そのページの上に水を入れたブルーのガラスボトルを置いて、2時間以上月光浴させ飲む。▶飲むことでパワーウィッシュの指令が細胞まで伝わる。[B]2時間以上月光浴させたムーンウォーターを飲みながら、パワーウィッシュを書く。▶ムーンウォーターがもつ月の波動にサポートされながらパワーウィッシュが書ける。よりパワフルなムーンウォーターをつくりたいなら、アンカリングカード、アクティベイティングカードの中から毎回指定される2枚をボトルの下に敷いて。（P.11「ムーンウォーター」参照）

Technique 5 アンカリングカード、アクティベイティングカードからヒントをもらう！

水星逆行中、成就力アップの強い味方は『アンカリングカード』と『アクティベイティングカード』。ともすればちぐはぐになってしまう意識と行動を同期させ、潜在意識を呼び覚ます効果があります。水星逆行中は左脳の働きが鈍りがちになるため、右脳で情報をキャッチできる2つのカードがヒントをくれることも多々。

ノートの書き方 - 1

新月・満月を把握する

サインの得意分野

新月・満月が起こるサイン（星座）の得意分野を
ピックアップ。意識してパワーウィッシュに盛り
込めば、願いの現実化が驚くほどスムーズに。

新月or満月の起こる日時とサイン

新月・満月は「宇宙Wi-Fi」がバンバンとびかう日。パワーウィッシュを書くべきタイミングと、宇宙コンディション（サインなど）がひと目でわかる！

Keikoのパワーウィッシュリチュアル（Keikoの動画解説）

パワーウィッシュアカデミー会員（有料）に向けたプレミアム音声サービス。Keikoが音声と動画で、その時々の天空図を解説しつつ、願いを叶えるためのヒントをたっぷりと！プレメモのヒントになるコーチングは新月・満月の3日前に配信。

叶いやすいパワーウィッシュ例

サインの得意分野を盛り込んだ、実際のパワーウィッシュ具体例を紹介。アンカリングワードは色文字になっているので一目瞭然。

2024/4/9 ◆ 03:22

牡羊座
新月のパワーウィッシュ
（皆既日食）

水星逆行中！

Aries
New Moon

新月当日！
Keikoの動画アドバイス♪

2024
4/9
03:22
牡羊座・新月

叶えてくれるもの

+ 新しいことをスタートさせる
+ 展開をスピーディーにする
+ 組織を出て独立する、自立する
+ 勇気をもってチャレンジする
+ トップの座を手にする
+ 好きな道を突き進む
+ 逆境をはねのけて勝利を手にする
+ 自分らしい人生を生きる
+ 直感で生きることを当たり前にする
+ スポーツ、エクササイズに関すること
+ 顔、髪、頭に関すること

牡羊座新月に叶いやすいパワーウィッシュ例

「私は**アートメイクの技法**を学んで経験を積み、
看護師資格を武器に、アートメイクデザイナーとして
新たな**キャリアをスタートさせる**ことを意図します」

「私は**トレーニングを続けて**もう少し**肺活量と筋力を増やし**、
今年11月の**多摩川マラソンに出場**、
完走することを意図します」

32　POWER WISH Note 2024

1ページ目

パワーウィッシュを書くまでに
ひらめいたことをメモ

パワーウィッシュを書くのは正確な新月・満月時間を過ぎてから。それ以前に頭に浮かんだ願望は、このスペースを使ってランダムにメモ。満月の場合は、「起こったシンクロ・嬉しかったこと・幸せだったこと」も追加して。

プレメモを
有効利用する

◎ Pre Memo

PWを書く前に引いた
アンカリング or アクティベイティングカード　　　番

五感を磨くためにボディメンテ
ピラティス
魂にフォーカス
スピード感
SNS発信
起業の準備

新月のスタートアクション
いつもより1時間早起きして自分自身に喝入れ！なんでもイイから「1番」を目指そう。

ムーンウォーター情報
水を月光浴させるのに
最適な時間
18:26 〜 22:58
ボトルの下にしく

新月ボトル　アクティベイティング　満月ボトル
10.Build Momentum　カード　**34.Think Rich**

Keiko's Advice
天空図から読み解く、この日のパワーウィッシュヒント

✦「私」というスタートラインに
立ち戻り、新たなゴールを設定

この新月から2024年が本格稼働。牡羊座の新月は起動力・推進力の塊ですが、今回は日食、しかも「皆既」日食とあって、自分自身の在り方に全面改訂がかかる可能性大。「真の自分を思い出す」という、自分回帰のタイミングでもあります。上司や同僚、家族、ママ友、ご近所さん……etc.日々様々な人たちと関わり合いながら生きている私たちは、周囲に合わせようとするあまり、自分を後回しにしてしまうこともしばしば。周囲に流されて自身を見失うことのないよう、この新月で自分の魂と向き合っておきましょう。

あなたの心が悲鳴を上げていないか、卑屈になっていないか、心の声にしっかり耳を傾ける必要があります。大切なのは「私はどうありたいのか？」——これを再確認すること。あなたが目指す「理想の自分」のイメージは？　なりたい自分、目指したい姿を具体的にイメージできていますか？　それを言語化することからすべては始まります。

✦ 願いを叶えるワンプッシュ
毎年、宇宙元旦後最初にやってくる新月が牡羊座の新月。ここでは「新年の抱負」を書くのがお約束。2024年、あなたが達成したいこと、叶えたいことは何ですか？余計な制限は取り払って書いてみて。

POWER WISH Note 2024　33

⟨ **2ページ目** ⟩

Keikoが読み解く、
この日のパワーウィッシュヒント

パワーウィッシュを叶いやすくするコツは、その時々の宇宙コンディションに合わせた文章を書くこと。Keikoの解説をヒントに、宇宙が織りなすエネルギーを上手に取り入れて。

アンカリングカードor
アクティベイティングカード
からヒントをもらう

宇宙とあなたをつなぐホットライン（アンカリングカード）を使って、パワーウィッシュのイメージを広げていくのも手。一方、実際のアクションのヒントは、アクティベイティングカードが得意。パワーウィッシュを書く前のウォーミングアップとして2つのカードが最高の相棒に。

新月のスタートアクション
（or満月のご自愛セルフケア）

パワーウィッシュを書く以外に、アクションやケアを通して新月・満月のエネルギーを活用するアプローチをアドバイス。その時々の新月と満月が持つエネルギーを細胞レベルで体感して、取り入れられるはず。

ムーンウォーター情報

新月の夜に作る「ニュームーンウォーター」と満月の夜に作る「フルムーンウォーター」は宇宙の波動を細胞レベルにおとしこむ最も有効な手段。パワーウィッシュと組み合わせれば宇宙とのアンカリングがより強力に。カードをお持ちの方はボトルの下にしいてみて。新月・満月カレンダー＆ムーンウォーターに関する情報は以下のQRコードから（新月&満月ボトルはK'sセレクションで販売）。

ノートの書き方 - II

ムーン コラージュに トライ

書いた願いを象徴する写真を貼る

巻末のイメージサンプルや雑誌の切り抜き、ネットで見つけた写真……あなたのパワーウィッシュを象徴し、叶った状態を鮮やかにイメージングできる画像を。

パワーウィッシュの ヒントになる言葉

その日の宇宙とつながりやすい言葉をランダムに掲載。パワーウィッシュを書くヒントになるのはもちろん、その言葉が刺激となって、あなたの理想の姿・状態がイメージとして脳内に浮かんでくることも!

月のパワーを吸収する パワーウィッシュのロゴ

ヨーロッパ貴族の紋章を思わせる装飾的なこのロゴは、月のパワーを吸収する様々な仕掛けを盛り込んだもの。ムーンコラージュに月のパワーが宿り、命を吹き込む効果が。

スタートダッシュ

情熱 　自立する

勢いよく 　オリジナル

2024
4/9
03:22
牡羊座 + 新月

MOON COLLAGE
牡羊座
新月のムーンコラージュ

右ページに書いたパワーウィッシュを象徴する写真を貼りましょう

34　POWER WISH Note 2024

> **3ページ目**

パワーウィッシュを書く

宇宙Wi-FiをONにする アンカリングフレーズ

パワーウィッシュの冒頭はアンカリングフレーズでスタート。すでに下書きしてあるからなぞるだけでOK。音読しながら書けば、今いる空間まで高波動に!

POWER WISH

牡羊座新月のパワーウィッシュ

私がここで願うことは宇宙意志と完全に調和し、世の中に愛と繁栄をもたらす最良の方法であると確信しています。
私が今から願うことを通して、この世に生きとし生けるすべてのものに、私の愛と力が速やかに届くことを意図します。

私は、パワーウィッシュアカデミーの会員になり、Keiko式占星術を極め、エステティックと組み合わせた施術を受けられるオンリーワンのサロンをオープンさせることを意図します。

私は、週に1回ピラティスのマンツーマンレッスンに通い、10月の牡羊座満月までに、メンタルを助けるしなやかで強靭な肉体へアップグレードさせることを意図します。

パワーウィッシュを 書き込もう

新月・満月時間から、10時間以内に書き終えるのが理想。満月のパワーウィッシュでは願いごとのほかに、最近起こった嬉しいことやシンクロを書き出すのも◎。また、満月では手放したいものをリリースウィッシュとして書くのも効果大!

水星逆行期間中は 文章を修正してもOK

水星逆行中はパワーウィッシュを見直す絶好のチャンス。書いたパワーウィッシュを修正したり、気づいたことを書きとめたり、音読したり、ムーンコラージュを追加してイメージングをしたり……。好きな方法で宇宙に「念押し」をしましょう。

アンカリングワード：私は〜を意図します／〜よう意図します

POWER WISH Note 2024　35

4ページ目

アンカリングワードも忘れずに

パワーウィッシュの神髄ともいえる部分。この締めの言葉があなたの願いを宇宙に確実に届けてくれる。新月・満月の違いをこの締めの言葉で味わって。

2024年「1年分の運」を受け取る！
「宇宙元旦セレモニー」

　「宇宙元旦」とは、時を刻む太陽が12星座のトップバッター、牡羊座に入る日。宇宙カレンダーにおいては、この日から新しい1年が始まります。宇宙元旦は、1年分のエネルギーが凝縮する超・開運日！　そんな宇宙の恩恵をたっぷり受け取るための方法が、宇宙元旦セレモニーです。

宇宙元旦のパワーウィッシュを書く

2024 ＊ 3/19
巻末の「パワーウィッシュ・ブースティングシート」を切り取り、下にある白枠内に「宇宙元旦パワーウィッシュ」を書く。ここでは書き方にこだわらず、2024年の抱負を書くつもりで。パワーウィッシュノートの上にブースティングシートを置き（記入した面が上）、コットンかシルクの布で包む。19日の夜はこれを枕元に置いて就寝。

2024 ＊ 3/20
宇宙元旦当日。朝起きたら、枕元のノート&シートを布に包んだまま、玄関（棚の上など）に置いておく。日が暮れるまでそのままにしておけば、宇宙元旦セレモニーは完了。チャージ済みのブースティングシートはノートの中に戻し、ノート全体に宇宙元旦エネルギーを行き渡らせましょう！

巻末付録「パワーウィッシュ・ブースティングシート」は、宇宙元旦のホロスコープと新年を象徴するイメージをビジュアルにして組み合わせたシート。下敷きにすればみなさんが書くパワーウィッシュも威力倍増！　宇宙とのアンカリングがよりスムーズに。

牡牛座木星期～双子座木星期を象徴するビジュアル。視覚からエネルギーを取り込み、パワーウィッシュを書くと◎。

POWER WISH神殿に
バーチャル参拝をする

2024 ＊ 3/20 ～ 3/22
見るだけで宇宙元旦のエネルギーを受け取っていただける期間限定「POWER WISH神殿」に、バーチャル参拝をしてみましょう。参拝できる期間は3月20日12:08 ～ 3月22日12:07。宇宙元旦当日3月20日の参拝が難しい場合は21日、22日に参拝しましょう。期間中に何度参拝いただいてもOKです。

**参拝は
こちらから！**

※参拝動画をご視聴いただくには「パワーウィッシュアカデミー」有料会員登録が必要になりますが、**2024年3月1日～31日にご登録いただいたNEWメンバー様は初月無料でバーチャル参拝をはじめ、すべてのメニューを楽しんでいただけます。**

WORDS HAVE POWER

> この1枚に
> 2024年の
> パワーが凝縮！

2024年の宇宙元旦図
宇宙元旦のエネルギーを可視化することは、宇宙のパワーを受け取る有効な方法。タイミングによる強弱はあれど、この日のエネルギーが1年間続くと考えて。

2024

宇宙元旦	3/20 ＊ 12:08
天秤座 満月	3/25 ＊ 16:01
牡羊座 新月	4/9 ＊ 03:22
蠍座 満月	4/24 ＊ 08:50
牡牛座 新月	5/8 ＊ 12:23
射手座 満月	5/23 ＊ 22:54
木星双子座入り	5/26 ＊ 08:16
双子座 新月	6/6 ＊ 21:39
山羊座 満月①	6/22 ＊ 10:09
蟹座 新月	7/6 ＊ 07:59
山羊座 満月②	7/21 ＊ 19:18
獅子座 新月	8/4 ＊ 20:14
水瓶座 満月	8/20 ＊ 03:27
冥王星山羊座戻り	9/2 ＊ 05:36
乙女座 新月	9/3 ＊ 10:57
魚座 満月	9/18 ＊ 11:36

水星逆行 ★詳しくはp.21を参照
2024 4/2-4/25
2024 8/5-8/29
2024 11/26-12/16
2025 3/15-4/7

✦ボイドタイムでもお構いなし！
パワーウィッシュはボイドタイムの影響をうけません。
気にせず書いていただいて結構です。
※ボイドタイム：
　　月が他の天体とアスペクトを取っていない時間。

パワーウィッシャー注目の
惑星アクションも厳選ピックアップ
新月・満月 ＆
水星逆行
早見表
2024 3/20〜2025 3/20

天秤座 新月	10/3 ＊ 03:50
牡羊座 満月	10/17 ＊ 20:28
蠍座 新月	11/1 ＊ 21:48
牡牛座 満月	11/16 ＊ 06:30
冥王星水瓶座入り	11/20 ＊ 08:43
射手座 新月	12/1 ＊ 15:23
双子座 満月	12/15 ＊ 18:03
山羊座 新月	12/31 ＊ 07:28

2025

ドラゴンヘッド魚座入り	1/12 ＊ 08:03
蟹座 満月	1/14 ＊ 07:27
水瓶座 新月	1/29 ＊ 21:37
獅子座 満月	2/12 ＊ 22:55
魚座 新月	2/28 ＊ 09:46
乙女座 満月	3/14 ＊ 15:56
宇宙元旦	3/20 ＊ 18:03
海王星牡羊座入り	3/30 ＊ 20:45

新月・満月 ＆ 水星逆行早見表

※2025年3月20日までの早見表ですが、3月30日海王星牡羊座入りは明記しています。

2024〜25年、「月と言葉」にパワーが宿る！まずは潜在意識の「同意」を得ることから

潜在意識にアクセスできる

「新月と満月」——この2つは、宇宙が用意してくれたミラクルムーン。月と太陽が特別なアスペクト（角度）をとるため、ふだん起こり得ないことが起こります。

新月は、月と太陽がぴったり重なった状態。
満月は、月と太陽が真正面から向かい合った状態。
潜在意識を司る「月」と顕在意識の大本である「太陽」が、こうした特別な配置をとることにより、私たちはふだん接点のない潜在意識にアクセスできるようになるのです。
私が新月・満月を重視するのはひとえに、この2つが潜在意識にアクセスできる貴重なタイミングだから。

潜在意識にアクセスすることは、自分の魂にアクセスすること。
魂の声に耳を傾けることといってもよいでしょう。
そのワークを何度も繰り返すうちに徐々に真の自分が浮き彫りになってきて、目指すべき方向性や魂にフィットする生き方が自然にイメージできるようになるのですね。

私たちの人生は、潜在意識に支配されています。

　人生というのは、潜在意識というレールの上をひたすら走り続ける電車のようなもの。であれば、叶えたい願いがあるなら、潜在意識にそれを伝えておけばいいですよね……？

　潜在意識にあなたの願いが「きちんと」伝わってさえいれば、人生はその上をなぞるように走っていく――

　つまり、願いは自ずと叶ってしまうのですね。

願いが叶わないのはなぜ？

　「新月に願いを書くと叶う」――これは、かなり昔から言われていること。とはいえ、新月に願ったことがすべて現実になるわけでもないでしょう。願っても叶わないのは結局、それにつながるチャンスを引き寄せられないから。

　では、なぜチャンスを引き寄せられないのか？
　答えはカンタン。「潜在意識にあなたの願いが伝わっていない」
――これに尽きます。

　先日、Ｙ屋という和菓子屋店に手土産をオーダーしたときのこと。Ｙ屋の和菓子は超人気ですぐ売り切れてしまうため、私は前日にしっかり予約を入れました。そして、当日の朝取りにいったのですが……。なんと、用意されていない！　注文したもの（＝願ったもの）が出てこないのです。後に、私の予約が職人さんに伝わっていなかったことが判明。私がいくらオーダーしたところで、それが職人さんに伝わっていなければ、願ったものを受け取れるはずもありません。

　願いが叶わないのも、これとまったく同じ。願いを叶える大本である潜在意識に、あなたの願いが伝わっていないのです！

あなたがいくら「こうしたい」「こうなりたい」と願ったところで、それにGOを出すのは潜在意識。決定権を握る潜在意識がそれに同意していなければ、事はまず動きません。現実にはならないのです。

望むことを現実にしたいなら、なにはともあれ、潜在意識の同意を得ること。あなたの意志を宇宙に伝えることも大事ですが、その前にまず、潜在意識の同意がなければ！

「身内の同意」を得ることが先決なのですね。

コンタクトにはタイミングがある

潜在意識にコンタクトするには、新月・満月を遣うのがイチバン。

この2つのもとでは「潜在意識」を司る月が、「意志＆行動」と結びついている太陽と見事に融合・融和します。

その結果、「自分の意志を潜在意識に伝える」というスムーズな流れが出来上がるのです。それこそが、新月・満月が生み出す特別なパワー。願いが叶いやすい理由です。

新月・満月はワンセット

新月に願いを書く人は多いでしょう。でも、それだけでは不十分。

というのも、新月と満月は常にペアで機能するから。

新月でセッティングしたあなたの意図に、パワーと勢いを与えるのが満月なのです！　新月に願いを書いてハイ終わり！というのは、種を蒔いて水をやらずに放っておくようなもの。

可能性の芽をスルーするのと同じなのです。

2024年は、月の威力と影響力が、これまでになく強まる年。

これを機に、人生を好きなようにクリエイトしてみてはいかが？

生まれや環境に流されたままで終わる人生と、自分の好きなよう

にクリエイトしていく人生──あなたはどちらを選びますか？

宇宙元旦図が示す2024年

世の中で一般的に使われているカレンダー（人間界のカレンダー）と違い、宇宙カレンダーの1年は春分の日から始まります。

私がこの日を「宇宙元旦」と呼んで最重視しているのは、この日のエネルギーが1年間にわたって影響するから。

逆に、宇宙元旦の天空図を見ればその1年がどういう年になり、何が重要で、何にフォーカスすればチャンスが舞い込むのかがわかってしまうのです。

それでいうと、2024年の特徴はなんといっても、「月の影響力」の強さ。だって、宇宙元旦の天空図では、月がアセンダントのすぐ下にあるのですから！　私がいつも「運とチャンスの入り口」とご紹介しているように、アセンダントは天空図の中で、運に直結する最重要ポイント。この近くに月があること自体、2024年は「月が運とチャンスの入り口になる」という強烈なメッセージなのです。

そしてもうひとつ。月・太陽・冥王星から成る「調停の三角形」も見逃すわけにはいきません。太陽はいうまでもなく、私たちの住む太陽系の主であり、オーナー。月とともに、この宇宙の二本柱となるメイン天体ですね。私たちからすれば、月と太陽は「人生の両輪」ということになります。

一方、太陽系最果ての星として知られる冥王星は、太陽系と銀河系を結ぶ存在。と同時に、私たちの潜在意識のもっとも深い部分を陰で操っているのが、実はこの冥王星なのです。つまり、月・太陽・

冥王星による調停の三角形は、「2024年が潜在意識を塗り替えるベストタイミング」であることを物語っているのです。

運は早い者勝ち！

木星についても見ていきましょう。ラッキースターとしてつとに知られる木星は、2024年5月26日、牡牛座から双子座へ移動。宇宙元旦のほぼ2ヵ月後ですね。

とはいえ、あなたがこのノートを手にした時点で（おそらく2024年2〜3月）、「双子座木星期はすでに始まっている」と考えるべき。木星の影響は、つねに早めに出るからです！

ここで思い出していただきたいのが、「運は早い者勝ち」という宇宙法則。例外のない規則はないというけれど、この宇宙法則に関して例外はなし。

それもこれも、宇宙は早め早めに行動する人が大好きだから。2024年、運とチャンスを確実につかみ取りたいなら、木星の移動を待ってようやく重い腰を上げるのでは遅すぎるのです。もっと前に──遅くても、宇宙元旦には動き出さなければ！

「言葉」にパワーが宿る双子座木星期

木星は約1年でサインを替えるというリズムを繰り返しながら、12年で12星座をひとまわり。木星が入るサインはそれだけでパワーをもち、そこから流行や潮流が生まれます。木星が双子座に入るなら、双子座の担当分野が「運とチャンスの宝庫」になるわけですね。

チャンスの宝庫である双子座の担当分野とは、具体的に何か？

それは、「言葉」。そして「伝達」。会話、コミュニケーション、トー

ク、執筆、情報発信、勉強、知識……etc. 言葉という道具を使って行うあらゆることは、双子座の統括、双子座の担当分野。

もちろん、パワーウィッシュも例外ではありません。

新月・満月のタイミングで潜在意識にアクセス、自分の願いを明確な言葉にして宇宙に伝える——そんな宇宙とあなたのコミュニケーションタイムが、パワーウィッシュを書く時間。

パワーウィッシュを書くこと自体、2024年 & 双子座木星期、最強の開運アクションなのです。

2024/25年シーズンは自分の潜在意識と対話する！

2024/25年度
水星逆行 スケジュール

水星逆行について、もっと詳しく知りたい方はこちらをチェック！

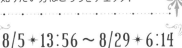

4/2 ✴ 7:14 ～ 4/25 ✴ 21:54
牡羊座27度 ⇔ 牡羊座15度

直感的、感覚的な理解力を高めてくれる牡羊座の水星。この水星が逆行を始めると、「説明されているのにどうもピンとこない」という状況が起こりがち。もし説明する立場になったら懇切丁寧に、順序だてて行うこと。カンのいい人もこの時期ばかりはやや直感が鈍り、ヒラメキから遠ざかるかも。直感に頼れないぶん、データや過去の事例から推測を。気をつけたいのは「早とちり」。

8/5 ✴ 13:56 ～ 8/29 ✴ 6:14
乙女座 4 度 ⇔ 獅子座21度

乙女座で逆行を始めた水星は 8 月15日、獅子座までバック。前半10日間は仕事上の凡ミスや書類の記入もれ、請求書の出し忘れに注意。先延ばしにしていた請求書が出てきてハッとすることも。8 月 8 日前後は嬉しい再会がありそうな暗示。昔の趣味やお稽古事を再開するのは大賛成。後半、自己主張は控えた方が無難。言いたいことは婉曲な表現を使った方がトラブル回避に。

11/26 ✴ 11:42 ～ 12/16 ✴ 5:56
射手座22度 ⇔ 射手座 6 度

楽観的に考えることができなくなり、思考やマインドが内向きに。こういうときは不安定箇所を強化したり、不得意な部分を復習するなど足元固めに注力を。最大の注意が必要なのは12月 4 日前後。この時期、誇張や大袈裟な表現はNG。大風呂敷を広げすぎるとトラブルのもとになります。10を 8 というくらいの控え目さが◎。海外サイトでの物品購入は要注意。フィッシング詐欺も頻発しそう。

2025 2025
3/15 ✴ 15:46 ～ 4/7 ✴ 20:08
牡羊座 9 度 ⇔ 魚座26度

金星に遅れること約 2 週間、水星も逆行を開始。特徴的なのは、この 2 惑星が足並み揃えて牡羊座から魚座にバックすること。これは思うように準備が進まず、「スタートが遅れる」ことを示唆。終わったはずの業務に不具合が見つかり、後始末に追われる……などということも。注目すべきは、逆行中に「2025年宇宙元旦」になること！ 本格的なスタートダッシュは 4 月中旬を目途に。

2024年度パワーウィッシュ年間スケジュール
1年の流れを俯瞰し、運の波を乗りこなす！

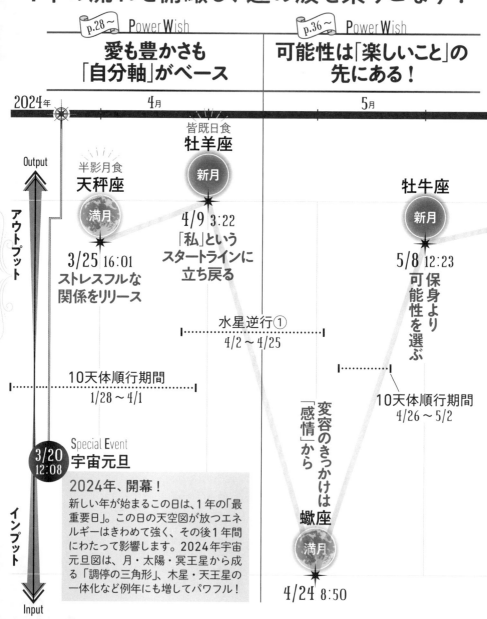

p.28～ Power Wish

愛も豊かさも「自分軸」がベース

p.36～ Power Wish

可能性は「楽しいこと」の先にある！

2024年　　　4月　　　5月

半影月食
天秤座
満月
3/25 16:01
ストレスフルな
関係をリリース

皆既日食
牡羊座
新月
4/9 3:22
「私」という
スタートラインに
立ち戻る

牡牛座
新月
5/8 12:23
保身より可能性を選ぶ

水星逆行①
4/2 ～ 4/25

10天体順行期間
1/28 ～ 4/1

10天体順行期間
4/26 ～ 5/2

Output
アウトプット

3/20
12:08
Special Event
宇宙元旦

2024年、開幕！
新しい年が始まるこの日は、1年の「最重要日」。この日の天空図が放つエネルギーはきわめて強く、その後1年にわたって影響します。2024年宇宙元旦図は、月・太陽・冥王星から成る「調停の三角形」、木星・天王星の一体化など例年にも増してパワフル！

変容のきっかけは「感情」から

蠍座
満月
4/24 8:50

Input
インプット

アウトプット
✦ 他者や外の世界と関わるアクション ✦ 仕事
✦ 社交 ✦ 発表 ✦ オフィシャルタイム

インプット
✦ 自分を育てるアクション ✦ 内省
✦ 勉強 ✦ プライベートタイム

パワーウィッシュ年間スケジュール

p.44〜 Power Wish
単調な日々に
変化をつける

p.52〜 Power Wish
公私にわたる
幸せの土台づくり

6月 ──────────── 7月 →

射手座

満月

5/23 22:54

「ツキ」は
信じる人のもとへ
やってくる

双子座

新月

6/6 21:39

双子座木星期、
開幕の勢いに乗る！

6/30 4:06 土星・逆行開始

安定が崩れるかも…
5/3に逆行を始めた冥王星に続き、忍耐と責任をつきつける土星も逆行へ。長らく安定していたものがそうでなくなったり、心理的プレッシャーに苛まれることも。ここで見えてきた弱点を補強することさえできれば、半年後には自己肯定感が一気にアップ！

Output ↑

Special Event
木星・双子座入り
5/26 8:16

追い風の方向が変化
宇宙元旦と並んで重要なのが、木星がサイン（星座）を替える日の天空図。宇宙元旦が「運のベース」なら、木星はさしずめ「追い風」。その木星が双子座に入る2024年はコミュ力の高い人ほど宇宙の恩恵を受けることに。人と積極的に交わることも大切。

一足先に達成の
喜びを味わう

山羊座

満月
(1回目)

6/22 10:09

心安らげる
場所をつくる

蟹座
新月

7/6 7:59

自分の「野心」を
言葉にする

山羊座

満月
(2回目)

7/21 19:18

Input ↓

アウトプット
+ 他者や外の世界と関わるアクション ┊ + 仕事
+ 社交 + 発表 + オフィシャルタイム

インプット
+ 自分を育てるアクション + 内省
+ 勉強 + プライベートタイム

p.64～ Power Wish

執着を手放し
自由に生きる

p.72～ Power Wish

次なる目標へ
マインドシフト

2024年　8月　　　　　　　9月

Output

アウトプット

Output ↑↑

冥王星・
山羊座へ逆戻り 9/2 5:36

余計な足枷を
外すならいま！
2024年1月末水瓶座
に帰還したはずの冥王
星が、またしても山羊
座に逆戻り。今回は
約2ヵ月半という短期
間ながら、ズルズル引
きずっていたこと、どっ
ちつかずになっていた
ことに踏み切りをつけ
るタイミング。乙女座
新月と魚座満月をうま
く活用して。

水瓶座
満月

8/20 3:27

停滞した状況に
風穴を開ける

乙女座
新月

9/3 10:57

「基本中のキホン」を顧みる

人生は自分が主役のステージ

獅子座
新月

8/4 20:14

「心のくもり」を
洗い流す

部分月食
魚座
満月

9/18 11:36

インプット

Input

Input ↓↓

水星逆行②
8/5 ～ 8/29

パワーウィッシュ年間スケジュール

p.80〜 Power Wish

自己評価は
どこまでも高く！

p.88〜 Power Wish

揺るぎない心の
拠り所を見出す

10月　　　　　　　　　　　　　11月

牡羊座

満月

10/17 20:28
スーパームーン
自己肯定感を高める

Special Event
冥王星・
水瓶座入り&定着

11/20
8:43

Output

「100%風の時代」に突入
2023年3月以降、1年半以上出たり入ったりを続けていた冥王星が、この11月をもって水瓶座に最終着地。2043年まで水瓶座にステイします。大きく様変わりしていく時代の流れに翻弄されないよう、自分の価値観と目指す生き方を明確にして。

金環日食
天秤座

新月

10/3 3:50
明確に！
引き寄せたい
人間関係を

牡牛座

満月

11/16 6:30
望むものは
「すでに
ある」

木星・
逆行開始
10/9
16:04

歩みを止めて振り返る
強力な追風を吹かせる木星が逆行に転じるのは「小休止」の合図。このまま前進し続けるより、いったん歩みを止めて、来た道を振り返るべきタイミング。重要なのは、理想と現実のすり合わせ。遠すぎる目標は現状に近づけ、少しずつクリアしていくのが賢明。

復活させたい
ことを願う
蠍座

新月

11/1 21:48

水星逆行③
11/26 〜 12/16

Input

アウトプット

✦ 他者や外の世界と関わるアクション ✦ 社交 ✦ 発表 ✦ オフィシャルタイム

インプット

✦ 自分を育てるアクション ✦ 内省 ✦ 勉強 ✦ プライベートタイム

仕事：

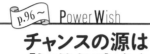

p.96〜 PowerWish

チャンスの源は「知的好奇心」

p.104〜 PowerWish

隠れていた才能が収入源に

2024年　12月

2025年　1月

Output

アウトプット

水星逆行③
11/26 〜 12/16

Special Event

ドラゴンヘッド・魚座入り　1/12 8:03

スピリチュアルが当たり前に

白道と黄道の交点であるドラゴンヘッドが、牡羊座から魚座へ移動（ドラゴンは12星座を逆回りに進行）。これ以降、「科学的でないものは信じない」という人は少数派になってくるかも。スピリチュアルな感性をもつ人には宇宙の強力な後押しが入りそう。

双子座

満月

12/15 18:03

半年前のウィッシュを書き直し

続けてきたことを達成する

心安らげる環境をつくる

ビッグな夢を思い描く

射手座

新月

12/1 15:23

山羊座

新月

12/31 7:28

蟹座

満月

1/14 7:27

インプット

Input

芸術もバーチャル時代に
2012年から魚座に腰をすえた海王星が12星座のトップバッター、牡羊座へ移動。その天体が何であれ、牡羊座への帰還はつねに「新時代の幕開け」を意味します。海王星が支配するアート、音楽、デザインといった芸術方面に新しい技術やトレンドが生まれそう。

3/30 20:45 海王星・牡羊座入り

パワーウィッシュ年間スケジュール

p.112〜 PowerWish
公私ともに変革のとき

p.120〜 PowerWish
自分を取り巻く顔ぶれが変化

2月

3月

Output

獅子座

満月

2/12 22:55
自分のアピールポイントを再確認

魚座

新月

2/28 9:46
心のゴミを処分、気持ちの整理をつける

皆既月食
乙女座

満月

3/14 15:56
快適に過ごすための整理整頓

風の時代に相応しい生き方にシフト

水瓶座
新月

1/29 21:37

10天体順行期間
2/25〜3/1

水星逆行④
3/15〜4/7

Special Event
2025年宇宙元旦 3/20 18:03

人との「出会い」が人生を変える
自分軸を見出すことが焦点だった2024年に続き、2025年は「誰と組むか」にテーマがシフト。一人でできることには限りがあるけれど、誰かと力を合わせれば可能性は無限大！公私問わず、ベストパートナーを引き寄せるには自分の強みを知ることが大前提。

Input

2024/3/25 ✴ 16:01

天秤座
満月の
パワーウィッシュ
（半影月食）

10天体
順行中！

Libra
Full Moon

満月当日！
Keikoの動画アドバイス♪

叶えてくれるもの

✳ 好きな人との関係が進展する

✳ 婚約、結婚、入籍をする

✳ 円満離婚する

✳ あらゆる人間関係がよくなる

✳ 好条件で契約がまとまる

✳ 訴訟・裁判に勝つ

✳ 好感度が高まり、
　人気者になる

✳ パートナー候補が現れる

リリースできるもの

♦ 優柔不断、八方美人

♦ NOが言えない

♦ 自分で決められない

♦ 人に依存してしまう

♦ 腰とウエストにかかわる
　悩みやトラブル

天秤座満月に叶いやすいパワーウィッシュ例

「私はいま、一生涯の親友でもあるパートナーと、
愛と信頼と喜びに満ちた豊かな毎日を送っています。
2人一緒にいることで一切の不安や心配から解放され、
心が安定し、交友関係が広がり、望んだことが
ごく当たり前に叶ってしまう魔法に感謝いたします。
ありがとうございます」

満月のご自愛セルフケア❤️
いつも同じヘアスタイルじゃつまらない。巻き髪、ハーフアップなどアレンジを加えて。ヘアケアもしっかり。

ムーンウォーター情報
水を月光浴させるのに
最適な時間
**日が沈んでいる
時間であればOK**

ボトルの下にしく
アンカリング
カード

満月ボトル
29.TRUST

新月ボトル
25.STRENGTHS

Keiko's Advice 　天空図から読み解く、この日のパワーウィッシュヒント

✦ 晴れやかな1年のために ストレスフルな関係をリリース

天秤座の満月では、今ある人間関係に焦点が当たります。今回は満月のパワーアップバージョンである月食、しかも天秤座の本拠地（第7ハウス）に4天体が集中していることから、これまでなんとかこなしてきた人間関係に影が差すこともありそう。大切なのは、自分の気持ちと相手の要求のバランスをとること。自分の意思をしっかりキープしつつ、周囲や相手の意見とうまく折り合いをつける——難しいことですが、これこそが人間関係の基本。先の見えない関係、なかなか進展しない相手には、そろそろ見切りをつけてもよさそ

う。新しい出会いは手放すことで入ってくるのですから。

と同時に「去る者追わず」のスタンスも必要。このタイミングで離れていく人はそもそも、あなたに必要のない相手。あるいは、必要な学びがもう終わったのかもしれません。人は常に成長していますが、成長のペースは人それぞれ。良縁と思われていた2人の間にも、年月とともにズレが生じてくることがあるのです。

✦ 願いを叶えるワンプッシュ

理想の人と出会えないなら、自分自身が変わらなければ。イメチェンはもちろん、環境や行動、住む場所を変えるなど、これまでの自分と決別する覚悟で。

美しくなる

出会い

洗練された

好感度の高い

愛される

第一印象

愛と調和

立ち居ふるまい

公正・公平

バランス

合意する

WIN-WIN

結婚・婚約

恋人・パートナー

2024
3/25
16:01
天秤座 ✦ 満月

MOON COLLAGE

天秤座
満月のムーンコラージュ

右ページに書いたパワーウィッシュを
象徴する写真を貼りましょう

POWER WISH

天秤座満月のパワーウィッシュ

宇宙の愛と導きにより私の願いが最速で叶えられましたことに感謝し、
この幸せをあらゆる方法で世の中に還元していくことを誓います。
宇宙の愛と光が、つねに私とともにあることに感謝いたします。

アンカリングワード：ハッピーな感情or状況＋ありがとうございます

2024/4/9 ✦ 03:22

牡羊座
新月の
パワーウィッシュ
（皆既日食）

水星
逆行中！

Aries
New Moon

新月当日！
Keikoの動画アドバイス♪

叶えてくれるもの

�է 新しいことをスタートさせる

�է 展開をスピーディーにする

�է 組織を出て独立する、
　自立する

�է 勇気をもってチャレンジする

�է トップの座を手にする

�է 好きな道を突き進む

�է 逆境をはねのけて
　勝利を手にする

�է 自分らしい人生を生きる

�է 直感で生きることを
　当たり前にする

�է スポーツ、エクササイズに
　関すること

�է 顔、髪、頭に関すること

牡羊座新月に叶いやすいパワーウィッシュ例

「私はアートメイクの技法を学んで経験を積み、
看護師資格を武器に、アートメイクデザイナーとして
新たなキャリアをスタートさせることを意図します」

「私はトレーニングを続けてもう少し肺活量と筋力を増やし、
今年11月の多摩川マラソンに出場、
完走することを意図します」

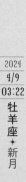

2024
4/9
03:22
牡羊座✦新月

PWを書く前に引いた
アンカリング or アクティベイティングカード

_____ 番

新月のスタートアクション
いつもより1時間早起きして自分自身に喝入れ！ なんでもイイから「1番」を目指そう。

ムーンウォーター情報
水を月光浴させるのに
最適な時間
18:26 ～ 22:58

ボトルの下にしく
新月ボトル **アクティベイティング** 満月ボトル
10. Build Momentum カード **34.**Think Rich

Keiko's Advice 　天空図から読み解く、
この日の
パワーウィッシュヒント

✴ 「私」というスタートラインに 立ち戻り、新たなゴールを設定

この新月から2024年が本格稼働。牡羊座の新月は起動力・推進力の塊ですが、今回は日食、しかも「皆既」日食とあって、自分自身の在り方に全面改訂がかかる可能性大。「真の自分を思い出す」という、自分回帰のタイミングでもあります。

上司や同僚、家族、ママ友、ご近所さん……etc.日々様々な人たちと関わり合いながら生きている私たちは、周囲に合わせようとするあまり、自分を後回しにしてしまうこともしばしば。周囲に流されて自身を見失うことのないよう、この新月で自分の魂と向き合っておきましょう。

あなたの心が悲鳴を上げていないか、卑屈になっていないか、心の声にしっかり耳を傾ける必要があります。大切なのは「私はどうありたいのか？」──これを再確認すること。あなたが目指す「理想の自分」のイメージは？ なりたい自分、目指したい姿を具体的にイメージできていますか？ それを言語化することからすべては始まります。

✴ 願いを叶えるワンプッシュ

毎年、宇宙元旦後最初にやってくる新月が牡羊座の新月。ここでは「新年の抱負」を書くのがお約束。2024年、あなたが達成したいこと、叶えたいことは何ですか？ 余計な制限は取り払って書いてみて。

スタートダッシュ

勇気

独立する

行動力

切り開く

情熱

自立する

チャレンジする

スピーディー

自分オリジナル

バイタリティ

一歩踏み出す

勢いよく

2024
4/9
03:22
牡羊座 ✦ 新月

MOON COLLAGE

牡羊座
新月のムーンコラージュ

右ページに書いたパワーウィッシュを
象徴する写真を貼りましょう

勝負に出る

アクション

POWER WISH

牡羊座新月のパワーウィッシュ

私がここで願うことは宇宙意志と完全に調和し、世の中に愛と繁栄を
もたらす最良の方法であると確信しています。
私が今から願うことを通して、この世に生きとし生けるすべてのものに、
私の愛と力が速やかに届くことを意図します。

アンカリングワード：私は〜を意図します／〜よう意図します

2024/4/24 ✦ 08:50

蠍座
満月の
パワーウィッシュ

水星
逆行中！

Scorpio
Full Moon

満月当日！
Keikoの動画アドバイス♪

叶えてくれるもの

✴ ずばぬけた集中力を発揮する

✴ 愛する人との絆を深める

✴ ソウルメイトを引き寄せる

✴ 再生・復活させる

✴ 美しく変貌を遂げる

✴ 不動産を購入する

✴ 不労所得を手にする

✴ 借金・ローンを完済する

リリースできるもの

🔸 疑心暗鬼、悲観、閉鎖性

🔸 ネガティブな思い込み、
潜在意識

🔸 恨み、復讐心

🔸 ジェラシー、未練、卑屈さ

🔸 コントロールしがたい感情

🔸 子宮・卵巣、生理にかかわる
悩みやトラブル

蠍座満月に叶いやすいパワーウィッシュ例

「私はいま東京と大阪に不動産をもち、
毎月100万円超の収入を得ています。
安定的な副収入のおかげで生活にも心にもゆとりがあり、
将来への不安とも無縁です。ハッピーな毎日に感謝！
ありがとうございます」

「聞き流すことを覚えたおかげで、
最近は義母から何を言われてもまったく平気になってきました。
何にも動じない鉄のメンタルが出来上がったようです！
これからの人生、思いっきり楽しみます！　ありがとうございます」

満月のご自愛セルフケア♥
寝室にアロマをたきしめれば、あっという間に夢の世界へ。イランイランがオススメ。

ムーンウォーター情報
水を月光浴させるのに
最適な時間
**日が沈んでいる
時間であればOK**

ボトルの下にしく
満月ボトル　　**アンカリング**
7.SUBCONSCIOUS MIND　カード

新月ボトル
13.CHANGE

Keiko's Advice
天空図から読み解く、
この日の
パワーウィッシュヒント

꙳ 変容のきっかけは「感情」 不満と憤りは変容の前兆

かなり激しいエネルギーを投げかけてくる満月。この満月前後、感情が大きく揺れ動いたり、克服したはずのトラウマが蘇ってくる人も少なくないでしょう。

この揺さぶりの正体は、蠍座のルーラー（支配星）「冥王星」。極限まで追い込むことが得意なこの冥王星が、月と太陽にプレッシャーをかけているからなのです！その目的は、根底からの変容を促すこと。残念ながら私たちは、ネガティブな感情に苛まれたり追い詰められたりしない限り、現状を変えようなどとは思いません。そう、それが必要であるにもかかわらず！

だからこそ宇宙は時として、このような形で揺さぶりをかけてくるのですね。

あなたはいま、自分をうまく表現できていますか？　あなたの良さが引き立つような仕事をしていますか？　もしNOなら、いまの場所に居続ける理由はありませんよね？　居場所、もしくはあなた自身を変えなくては！　その変容のきっかけをつくってくれるのが今回の蠍座の満月なのです。

꙳ 願いを叶えるワンプッシュ

自分が楽しんでいるシーンをイメージしてみて。そのときあなたは何をしていますか？　何をしているときがいちばんハッピーで、なおかつ魂的にも納得できるか……この満月はそれを探る旅になりそう。

心機一転　　集中力　　　　　　唯一無二

再生・復活

不動産　　遺産　　　　　　結ばれる

ソウルメイト　　　　　　　　リベンジ

継承する　　底力　　　先祖・家系

不労所得

ロイヤリティ

2024
4/24
08:50

蠍座★満月

MOON COLLAGE

蠍座
満月のムーンコラージュ

右ページに書いたパワーウィッシュを
象徴する写真を貼りましょう

蠍座満月のパワーウィッシュ

宇宙の愛と導きにより私の願いが最速で叶えられましたことに感謝し、
この幸せをあらゆる方法で世の中に還元していくことを誓います。
宇宙の愛と光が、つねに私とともにあることに感謝いたします。

アンカリングワード：ハッピーな感情or状況+ありがとうございます

2024/5/8 ✦ 12:23

牡牛座
新月の
パワーウィッシュ

Taurus
New Moon

新月当日!
Keikoの動画アドバイス♪

叶えてくれるもの

✴ 収入、財産を増やす

✴ 豊かで快適な毎日を送る

✴ 経済的、物質的に満たされた
　暮らしをする

✴ スタートしたものを安定路線
　にもっていく

✴ 不確実なものを確実にする

✴ 衣食住のクオリティを高める

✴ 才能、センス、感性をお金に
　換える

✴ 才能が開花する

✴ 安定した人間関係を育む

✴ 人生のあらゆる豊かさを味わう

✴ 首、喉、声、甲状腺に
　関すること

牡牛座新月に叶いやすいパワーウィッシュ例

「私は、値段を気にすることなく欲しいものを気前よく買い、
両親にもたっぷり親孝行をし、生活のためにではなく
自分を表現するために仕事をしながら、
思いたったらいつでもどこへでも行ける財力と自由までも手にし、
この世に生きる楽しさと喜びを味わい尽くせるだけの
収入を得ることを意図します」

「私は〝大好きな料理で生きていく!〟という夢を現実にするために
家庭料理のケータリング会社を設立、
1年目から売り上げ1000万円を突破することを意図します」

新月のスタートアクション

愛用品の中でなにかひとつ、定番を変えてみよう。7年以上使い続けているものは特に！

ムーンウォーター情報
水を月光浴させるのに
最適な時間
19:07 ～ 23:41

ボトルの下にしく

新月ボトル　　**アクティベイティング**　　満月ボトル
20.Enjoy Challenge　　**カード**　　21.Entrust to Cosmos

Keiko's Advice　天空図から読み解く、この日のパワーウィッシュヒント

真のリッチを目指すなら 保身よりチャレンジを選ぶ

昨年5月から続いた牡牛座木星期も、残すところ20日足らず。この牡牛座新月がフィナーレの合図となります。そして、まさにフィナーレに相応しい天空図。月と太陽はもちろん、牡牛座のルーラー（支配星）金星、ラッキースター木星、現状打破を促す天王星という5天体が牡牛座に集結するのですから！　なかでも注目すべきは、木星と天王星が重なってほぼ一体化すること。この1年、それぞれが逆行しながらつかず離れずの関係にあったこの2惑星が、この新月でようやくコンジャンクション（重なること）するのです。

そしてこれは、仕事に対する概念と価値観、働き方をガラリと変えることで、これまでとは違う形の「富と豊かさ」が手に入るという明確なメッセージ。

収入アップが叶うはずの牡牛座木星期なのにそれがまだ現実になっていないとしたら、それはチャレンジが足りなかった証拠。大切なのは現状維持よりステージアップ、保身より「可能性」を選ぶことです。

✦ 願いを叶えるワンプッシュ

安定をもたらすのが得意な牡牛座ですが、ここでは新たな可能性にチャレンジすることがかえって安定につながります。理想のワーキングスタイルをパワーウィッシュに託すのも◎。

ふんだんに

定期的に

堪能する

富・豊かさ

持続する　不自由なく　上質の

満ち足りた

安定する

有り余るほどの

潤沢な　余裕ある　五感

2024
5/8
12:23
牡牛座＋新月

MOON COLLAGE

牡牛座
新月のムーンコラージュ

右ページに書いたパワーウィッシュを
象徴する写真を貼りましょう

揺るぎない　手堅く

牡牛座新月のパワーウィッシュ

私がここて願うことは宇宙意志と完全に調和し、世の中に愛と繁栄を
もたらす最良の方法てあると確信しています。
私が今から願うことを通して、この世に生きとし生けるすべてのものに、
私の愛と力が速やかに届くことを意図します。

アンカリングワード：私は～を意図します／～よう意図します

2024/5/23 ✦ 22:54

射手座
満月の
パワーウィッシュ

Sagittarius
Full Moon

満月当日！
Keikoの動画アドバイス♪

叶えてくれるもの

✳ 無理めの夢を叶える

✳ 今あるものを拡大・発展させる

✳ チャンスと可能性を引き寄せる

✳ 楽観的に明るく生きる、
　行動できる人になる

✳ どんなことも
　平均以上に成功する

✳ 強運が当たり前になる

✳ 海外とのつながりができる

✳ 出版業界や法曹界で活躍する

リリースできるもの

◆ 無責任、ルーズ、安請けあい

◆ いいかげん、中途半端

◆ 浪費グセ、無駄遣い

◆ 腰、ヒップ、太腿にかかわる
　悩みやトラブル

射手座満月に叶いやすいパワーウィッシュ例

「最近、新しいオファーが次々と舞い込み、私の活躍の場が
驚くほど拡大しています。すべてがベストタイミングでやってきて、
それが大きな収入につながっていることに心から感謝！
ありがとうございます」

「幼い頃からの夢だった自分のジュエリーブランドを立ち上げたところ、
TVに取り上げられたのをきっかけにあっという間に知名度が上がり、
売り上げも毎月右肩上がりで伸び続け、来春、NYに海外第1号店を
オープンすることになりました。何もかもがこれ以上望めないほど
うまくいっていることに感謝します。ありがとうございます」

満月のご自愛セルフケア♥
タンパク質を多めに摂ろう。プロテインパウダーより食事に大豆や魚を取り入れて。

ムーンウォーター情報
水を月光浴させるのに最適な時間
日が沈んでいる時間であればOK
ボトルの下にしく

満月ボトル　　アンカリング　　新月ボトル
30.COURAGE　カード　**32.MOVE**

Keiko's Advice　天空図から読み解く、この日のパワーウィッシュヒント

✦「ツキ」は信じる人のもとへやってくる

射手座で満月が起こる頃、よく思い浮かぶフレーズがあります。「青年よ、大志を抱け」——この言葉はまさに、射手座の性質そのもの。「アドベンチャーサイン」というニックネームをもつ射手座は、より大きな可能性を求めて矢のごとく飛んでいくサイン(星座)。その行動力こそ、射手座満月が与えてくれるパワーなのです。今回満月が起こる射手座の2度は、私たちの行く手に無限の可能性が眠っていることを示唆。

さらに、この満月の対向にあるラッキースター木星は、3日後の双子座入宮へ向け

て力をめいっぱいため込んでいる状態。しかもその木星は射手座自身のルーラー(支配星)……となれば、この満月はまさに、可能性の宝庫。たとえ普通に考えたら無理ということでも、「現実味がない」とシャットアウトするのはモッタイナイ！1％でも可能性があればチャレンジすべきです。「すべてに対し"YES"と言う」——このスタンスこそ、射手座満月の恩恵を思う存分受け取る方法と心得て。

✦ 願いを叶えるワンプッシュ
現実的かどうかは気にしなくてOK。上限をつけず、自分が望むシーンをパワーウィッシュに託して。「自分のハートが高鳴るかどうか」——ここがポイント。

成功する　　　強運　　　　　　　　　　　活躍する

海外

新しい世界　　のびのびと　　　　　　飛び込む

世界を股にかけて

自由気まま

旅行　　　棚ボタ　　　　向上心　　　楽観的

2024
5/23
22:54

射手座★満月

MOON COLLAGE

射手座
満月のムーンコラージュ

右ページに書いたパワーウィッシュを
象徴する写真を貼りましょう

インターナショナル

射手座満月のパワーウィッシュ

宇宙の愛と導きにより私の願いが最速で叶えられましたことに感謝し、
この幸せをあらゆる方法で世の中に還元していくことを誓います。
宇宙の愛と光が、つねに私とともにあることに感謝いたします。

アンカリングワード：ハッピーな感情or状況＋ありがとうございます

2024/6/6 ✦ 21:39

双子座
新月の
パワーウィッシュ

Gemini
New Moon

新月当日！
Keikoの動画アドバイス♪

叶えてくれるもの

✴ 物ごとを正しく的確に伝える

✴ 必要な情報をタイミングよく
　手に入れる

✴ 多方面でマルチに活躍する

✴ 相手に合わせ
　心地よい会話をする

✴ 副収入を得る、
　複業を成功させる

✴ 興味があることを勉強して
　可能性を広げる

✴ 新しい環境に順応する

✴ フットワークよく
　軽やかに生きる

✴ 世渡り上手になる

✴ 手、腕、肺、呼吸器に
　関すること

双子座新月に叶いやすいパワーウィッシュ例

「私は、のびのびと働ける自由な社風の会社に
ベストタイミングで入社、以前から興味のあった宣伝PRの仕事に
チャレンジすることを意図します」

「私はプログラマーの経験を活かしてウェブデザイナーに転身、
個人や自営業者の方々に迅速で小回りの利くサービスを提供し、
私自身も楽しみながら十分な収入を得ることを意図します」

2024
6/6
21:39
双子座 ✦ 新月

PWを書く前に引いた
アンカリング or アクティベイティングカード

番

新月のスタートアクション

新しいジャンルの本を読んでみよう。書店では足を運んだことのないコーナーへ。

ムーンウォーター情報
水を月光浴させるのに
最適な時間
21:44〜(7日)00:39

ボトルの下にしく
アクティベイティングカード

新月ボトル
1.Add Light

満月ボトル
14.Circulate Energy

Keiko's Advice 天空図から読み解く、この日のパワーウィッシュヒント

✳ 双子座木星期、スタート直後の勢いに乗る！

5月26日、ラッキースター木星が牡牛座から双子座へ移動、12年ぶりの双子座木星期に突入しました。約10日後のこの新月では月・太陽・水星・金星・木星という5天体が双子座に集結、開幕直後の双子座木星期を一気に勢いづけます。

情報化社会の今、双子座の重要度は高まるばかり。というのも双子座は、生きるうえで必要不可欠な「言葉」を支配するサインだから。言葉と情報なしに生き抜くことが無理であるのと同様、風の時代、双子座のエネルギーなくして運気アップは不可能と考えて。

さらに、年々その重要度を増しているSNSも、双子座の支配下。となればここでは、SNSを使って何をしたいか、どういう流れを起こし、その結果何を手に入れたいかを願うのもいいでしょう。

「ダブルサイン」と呼ばれる双子座は、同時並行も得意。仕事もプライベートも、本業も副業も……といった欲張りな願いにはうってつけの新月ですよ。

✳ 願いを叶えるワンプッシュ

いつも以上に「言葉」にパワーが宿る双子座新月。あなたの願いを「的確に伝える」言葉選びは必要不可欠。ひとつの願いに集中せず、バラエティ豊かなウィッシュを書くのがコツ。

インプット

同時進行

リズミカルに

アイディア豊富

臨機応変

サクッと

軽やかに

バラエティ豊か

両方とも

SNS

アウトプット

言葉・情報

コミュニケーション

ベストタイミング

浅く広く

2024
6/6
21:39
双子座★新月

MOON COLLAGE

双子座
新月のムーンコラージュ

右ページに書いたパワーウィッシュを
象徴する写真を貼りましょう

双子座新月のパワーウィッシュ

私がここで願うことは宇宙意志と完全に調和し、世の中に愛と繁栄を
もたらす最良の方法であると確信しています。
私が今から願うことを通して、この世に生きとし生けるすべてのものに、
私の愛と力が速やかに届くことを意図します。

アンカリングワード：私は〜を意図します／〜よう意図します

2024/6/22 ✦ 10:09

山羊座
満月①の
パワーウィッシュ

Capricorn
Full Moon

満月当日！
Keikoの動画アドバイス♪

叶えてくれるもの

✴ 目に見える結果・実績を残す

✴ 大きな目標を達成する

✴ 途中で挫折することなく
　地道に努力する

✴ 高く評価される

✴ 昇格・昇進・昇給する

✴ 不要なものを断ち切る

✴ 父親・上司との関係がよくなる

✴ 結婚前提の交際が始まる

リリースできるもの

♦ 仕事一辺倒、働きすぎ

♦ 常識や世間体へのこだわり

♦ 堅苦しい、おもしろみがない

♦ 計算高さ、権威主義

♦ 冷淡、情がない、無感情

♦ 歯、骨、関節、皮膚に
　かかわる悩みやトラブル

山羊座満月①に叶いやすいパワーウィッシュ例

「私はＴ君との結婚に向けて新居探しを始め、
おたがいの両親にも無事、挨拶を済ませました。
今年12月の結婚式に向けていま、着々と準備を進めています。
出会いから半年、こんなにスムーズに話が進むなんて、
嬉しい誤算です！　ありがとうございます」

「これまでの努力と実績が認められ、9月1日付でチーフへの昇格が
決まりました。第1目標がクリアできて最高にハッピーです！
このペースで着々と結果を残し、
同期で一番早い部長昇格を目指します！　ありがとうございます！」

満月のご自愛セルフケア♥
デンタルケアを念入りにしておきたい。自宅でできる歯のホワイトニングもオススメ。

ムーンウォーター情報
水を月光浴させるのに
最適な時間
**日が沈んでいる
時間であればOK**

ボトルの下にしく

満月ボトル　　**アンカリング**　　新月ボトル
4.ENVIRONMENT　　カード　　19.HARMONY

Keiko's Advice　　天空図から読み解く、この日のパワーウィッシュヒント

✳ 望む結果を明確化、一足先に達成の喜びを味わう

一歩一歩着実に前進し、最終的に頂点を極める——地味ながらも確実に成果を出してくれるのが、山羊座というサイン（星座）。そのために必要な努力や克己心、継続力といったものも山羊座が与えてくれるパワーです。そんな山羊座での満月は、これまで頑張ってきたことに、まもなく「ご褒美」がもたらされる合図。ようやく頂上が見えてきました。もうひと踏ん張り！　この満月を機に、自分をしっかり鼓舞していきましょう。

ここでのオススメは、すでに目標を達成したつもりで喜びのパワーウィッシュを書いておくこと。いずれ叶うのですから、一足早く祝福気分を味わっておきましょう。ちなみに、2024年は山羊座満月がなんと2回！　これは、いま取り組んでいることにそれだけ努力が必要であると同時に、成就のチャンスが2度あることを意味します。

大切なのは、一度ダメだったからといって容易に諦めないこと。再チャンスがすでに用意されているのですから。

✳ 願いを叶えるワンプッシュ

長らく頑張ってきたこと、努力してきたことがあるなら、この満月で目標達成を願って。到達できたときの喜びと感情を言語化することで現実がついてきます。

抜擢される

名声

上りつめる

計画通りに

ステイタス　　一歩一歩

国家資格

合格する

粘り強く

着実に

達成する

結果を出す

昇進・昇格

プロフェッショナル

2024
6/22
10:09
山羊座✦満月①

MOON COLLAGE

山羊座
満月①のムーンコラージュ

右ページに書いたパワーウィッシュを
象徴する写真を貼りましょう

山羊座満月①のパワーウィッシュ

宇宙の愛と導きにより私の願いが最速で叶えられましたことに感謝し、
この幸せをあらゆる方法で世の中に還元していくことを誓います。
宇宙の愛と光が、つねに私とともにあることに感謝いたします。

アンカリングワード：ハッピーな感情or状況＋ありがとうございます

2024/7/6 ✦ 07:59

蟹座
新月の
パワーウィッシュ

Cancer
New Moon

新月当日！
Keikoの動画アドバイス♪

叶えてくれるもの

✳ ファミリーライフを充実させる

✳ 円満で幸せな家庭を築く

✳ 家族、一族の結束を固める

✳ 親子関係をよくする

✳ 子どもを授かる、出産する

✳ プライベートを充実させる

✳ 感情をコントロールする

✳ 心から安らげる環境をつくる

✳ 家族同然の仲間をつくる

✳ 理想のマイホームを購入する

✳ 胸部、バストに関すること

蟹座新月に叶いやすいパワーウィッシュ例

「私は、東京郊外に200坪の土地を買い、
敷地内に私たち自身の家と私の両親の住む家、
主人の両親の家の3棟を建て、
8人そろって楽しく賑やかに暮らすことを意図します」

「私はこの秋、元気で丈夫な赤ちゃんを、
まるで息を吐くのと同じくらい自然に、
楽に出産することを意図します」

新月のスタートアクション

住まいの動線を効率化しよう。家具の配置を換えて、床に直置きしてあるものは撤去を。

ムーンウォーター情報
水を月光浴させるのに
最適な時間
19:18 ～ 23:59
ボトルの下にしく

新月ボトル　　**アクティベイティング**　　満月ボトル
26.Keep Up　　　カード　　　**8**.Be Seasonable

Keiko's Advice　天空図から読み解く、この日のパワーウィッシュヒント

✦ 身近な人間関係を改善、心安らげる居場所をつくる

蟹座の新月では、月本来のパワーが最大限発揮されます。もちろん、パワーウィッシュの威力も！　その理由は、月にとっては蟹座がホームグラウンド──つまり「本来あるべき場所」だから。蟹座に入った月はまさに「水を得た魚」状態なのです。今回はこの新月に、愛と美の星・金星が寄り添っているのが最大の特徴。大吉星木星に対し「小吉星」とも呼ばれる金星は、人生における楽しいこと、嬉しいこと、喜ばしいことをもたらしてくれます。なかでも家族や仲間、身近な人たちとの幸せを願うには最高のタイミング。これ以上

の新月はありません。

自分の幸せは、周囲の人たちが幸せであってこそ成り立つもの。この新月で、あなたを取り巻く人たちの幸せを願うのもいいでしょう。その際、その人たちのために「自分は何ができるのか？」を考えて、それを言語化するのがコツ。妊娠・出産はもちろん、幸せな子育て、満足のいく介護を願うにもぴったりです。

✦ 願いを叶えるワンプッシュ

家族の形態が多様化しているいま、「幸せな家族」のイメージは人それぞれ。常識や古い概念にとらわれることなく、あなたが理想とする家族の在り方、ライフスタイルを言葉にしてみて。

世話をする

育てる

母性

安心できる

子育て　親子関係

家事

家族だんらん

料理

妊娠・出産

もてなす　親しむ　拠りどころ

プライベート

マイホーム

MOON COLLAGE

蟹座
新月のムーンコラージュ

右ページに書いたパワーウィッシュを
象徴する写真を貼りましょう

蟹座新月のパワーウィッシュ

私がここで願うことは宇宙意志と完全に調和し、世の中に愛と繁栄を
もたらす最良の方法であると確信しています。
私が今から願うことを通して、この世に生きとし生けるすべてのものに、
私の愛と力が速やかに届くことを意図します。

アンカリングワード：私は〜を意図します／〜よう意図します

2024/7/21 ✦ 19:18

山羊座
満月②の
パワーウィッシュ

Capricorn
Full Moon

満月当日！
Keikoの動画アドバイス♪

叶えてくれるもの

✳ 大きな目標を達成する

✳ 途中で挫折することなく
　地道に努力する

✳ 高く評価される

✳ 昇格・昇進・昇給する

✳ 不要なものを断ち切る

✳ 父親・上司との関係がよくなる

✳ 結婚前提の交際が始まる

リリースできるもの

🌢 仕事一辺倒、働きすぎ

🌢 融通が利かない

🌢 常識や世間体へのこだわり

🌢 堅苦しい、おもしろみがない

🌢 計算高さ、権威主義

🌢 冷淡、情がない、無感情

🌢 歯、骨、関節、皮膚に
　かかわる悩みやトラブル

山羊座満月②に叶いやすいパワーウィッシュ例

「T社に再度履歴書を送ったところ、
担当者が私の実績を高く評価してくださり、
とんとん拍子に採用となりました。しかも、予想を上回る好待遇で！
2年間の経験が最高の形で活かされたことに感謝します。
ありがとうございます！」

「Yさんに私の想いが通じ、おつきあいが始まりました。
自分の気持ちを率直に伝えてよかった！
ありがとうございます！」

PWを書く前に引いた
アンカリング or アクティベイティングカード

番

満月のご自愛セルフケア♥
入浴後のピーリングが効果的。肘、膝、かかとなどのくすみを取れば気分もスッキリ。

XVI
POWER CHARGE

満月ボトル
16.POWER CHARGE

ムーンウォーター情報
水を月光浴させるのに
最適な時間
**日が沈んでいる
時間であればOK**
ボトルの下にしく
**アンカリング
カード**

XXIII
ORGANIZE

新月ボトル
23.ORGANIZE

Keiko's Advice　天空図から読み解く、この日のパワーウィッシュヒント

✳ 自分の「野心」を言葉にすれば潜在力が目覚める！

1回目からちょうど1ヵ月後、今年2回目の山羊座満月がやってきます。同じ山羊座の満月とはいえ、この2つはかなり異質。その最大の理由は、「冥王星」。

2回目となる今回は「再生と復活」を促すことで知られる冥王星が満月にぴったり寄り添い、この満月のエネルギーを盛り立てます。「オールオアナッシング」の冥王星は一緒にいる天体の性質を極限まで引き出しますから、この2回目の山羊座満月が「目標達成」への推進力に満ちていることは明らか。たとえ9割がた劣勢であっても、諦めずに頑張れば逆転可能な

運気です。
その一方で、この満月はあなたの中に眠る野心を呼び覚まします。この満月が近づくにつれ、「何としてでも達成したい！」という執着に近いパッションがこみ上げてくるかも。山羊座が与えてくれるのは「頂点」を目指すエネルギー。目指すゴールにたどり着いた達成感をパワーウィッシュに託してみて。

✳ 願いを叶えるワンプッシュ

この時期「達成したい！」と感じたものは、努力すれば実現可能。棚ボタこそ与えないものの、地道な努力に必ず応えてくれるのが山羊座のパワーウィッシュ。再チャレンジでの成功を書くのも◎。

抜擢される

名声

上りつめる

計画通りに

ステイタス　　一歩一歩

国家資格

合格する

粘り強く

着実に

達成する

結果を出す

昇進・昇格

プロフェッショナル

2024
7/21
19:18
山羊座➡満月②

MOON COLLAGE

山羊座
満月②のムーンコラージュ

右ページに書いたパワーウィッシュを
象徴する写真を貼りましょう

山羊座満月②のパワーウィッシュ

宇宙の愛と導きにより私の願いが最速で叶えられましたことに感謝し、
この幸せをあらゆる方法で世の中に還元していくことを誓います。
宇宙の愛と光が、つねに私とともにあることに感謝いたします。

アンカリングワード：ハッピーな感情or状況＋ありがとうございます

2024/8/4 ✦ 20:14

獅子座
新月の
パワーウィッシュ

Leo
New Moon

新月当日！
Keikoの動画アドバイス♪

叶えてくれるもの

✤ 思うままに
　人生をクリエイトする

✤ 毎日を楽しく生きる

✤ 自信をもって大胆に生きる

✤ コンプレックスを個性に変える

✤ 自分を上手にアピールする

✤ 注目を浴び、賞賛される
　人になる

✤ ゴージャスライフを手に入れる

✤ 単調な日々を
　エキサイティングに変える

✤ 趣味や好きなことを
　仕事にする

✤ チームや会社をまとめあげる

✤ 芸能、舞台、ショービズ界で
　成功する

✤ 心臓、背中、姿勢、血流に
　関すること

獅子座新月に叶いやすいパワーウィッシュ例

「私は誰に遠慮することなく、人と比べることもなく、
私自身の意志と感性を信頼し、自信をもって堂々と誇り高く生き、
思ったことを次々と現実にしていくことを意図します」

「私は、私の最大のチャームポイントである笑顔に磨きをかけて、
明るく華やかなオーラがあふれ出す女性になり、
Ａ君からのアプローチを受けてパートナーになることを意図します」

PWを書く前に引いた
アンカリング or アクティベイティングカード

〔　　　　　番〕

新月のスタートアクション
ミュージカルやお芝居を観に行こう。舞台はパワーと活力を受け取る絶好の場！

ムーンウォーター情報
水を月光浴させるのに
最適な時間
20:21～23:44

ボトルの下にしく
アクティベイティング
カード

新月ボトル
29. Move Your Heart

満月ボトル
28. Make Space

Keiko's Advice 天空図から読み解く、この日のパワーウィッシュヒント

人生は自分が主役のステージ 楽しみ尽くして演じきる！

「生まれてきてよかった！」と心から感じたことはありますか？　NOと答えた方は、獅子座のエネルギーが足りていないのかも……というのはやや極端としても、獅子座が私たちに「生きることを楽しむ力」を与えてくれるのは確か。「感動する力」と言い換えてもよいでしょう。

人生を楽しむのに力なんて必要なの？と不思議に思った方もいらっしゃるでしょう。でも、私たちのまわりに、いま楽しんで生きている人がいったいどれだけいるでしょうか？　そう、私たちはみな大人になると、日々やらなければならないこと

に忙殺され、楽しむことを忘れてしまうのです。

そんなとき、「いまの生き方でいいの？」と問いかけてくるのが獅子座の新月。それもこれも、楽しみも喜びもない日々を送っていると私たちの生命力が枯渇してしまうから。この新月は私たちに生命力と活力、自信と自己肯定感を与えてくれます。そして何より、楽しいことを優先させて生きる勇気を！

✦ 願いを叶えるワンプッシュ

あなたが今、思いっきりやりたいことは何ですか？　時間とお金がたっぷりあったら何がしたいですか？　ワクワク感を覚えたら、それをパワーウィッシュに託して。

光り輝く

VIP

主役になる

エンジョイする

ゴージャス　自信をもって

プライド

楽しみながら

オーラ

ドラマティック

表現する　　堂々と　　注目の的

アイデンティティ

人前に立つ

2024
8/4
20:14

獅子座 ✦ 新月

MOON COLLAGE

獅子座
新月のムーンコラージュ

右ページに書いたパワーウィッシュを
象徴する写真を貼りましょう

獅子座新月のパワーウィッシュ

私がここで願うことは宇宙意志と完全に調和し、世の中に愛と繁栄を
もたらす最良の方法であると確信しています。

私が今から願うことを通して、この世に生きとし生けるすべてのものに、
私の愛と力が速やかに届くことを意図します。

アンカリングワード：私は～を意図します／～よう意図します

2024/8/20 ✦ 03:27

水瓶座
満月の
パワーウィッシュ

水星
逆行中！

Aquarius
Full Moon

満月当日！
Keikoの動画アドバイス♪

叶えてくれるもの

✳ 常識にとらわれない
　生き方をする

✳ 束縛されず自由に生きる

✳ フリーランスとして活躍する

✳ 人生を思いっきり変える

✳ 仲間が増え、人脈が広がる

✳ インターネットビジネスを
　成功させる

✳ インフルエンサーになる

リリースできるもの

◆ 誰にも理解されない寂しさ

◆ 甘え下手、理屈っぽさ

◆ ひとりよがり、孤独感

◆ 社会や権力者への反発、
　反抗心

◆ ふくらはぎ・くるぶしに
　かかわる悩みやトラブル

水瓶座満月に叶いやすいパワーウィッシュ例

「のらりくらりしていた彼の口から、
突然〝結婚〟という言葉が出て驚いています。
エンゲージリングまで用意してくれていて二度びっくり！
しかもティファニー！　心を決めてくれた彼に
心から感謝します。ありがとうございます！」

「私はいま、朝起きてまずサーフィン、昼から4〜5時間仕事をして、
自分が本当に好きなこと、興味が湧くオファーだけを受ける
という理想の生活を楽しんでいます。夢に描いた人生を
すでに手にしていることに感謝！　ありがとうございます」

満月のご自愛セルフケア♥
足首回し＋ふくらはぎマッサージで
下半身の血行を改善、夏の疲れを
吹き飛ばそう。

ムーンウォーター情報
水を月光浴させるのに
最適な時間
**日が沈んでいる
時間であればOK**

ボトルの下にしく
満月ボトル	アンカリング	新月ボトル
31. RELEASE	カード	**3.** TIMING

Keiko's Advice　天空図から読み解く、
この日の
パワーウィッシュヒント ……………

✴「あたりまえ」を敢えて崩し 停滞した状況に風穴を開ける!

12星座が「安定」と「変化」に分かれるとし
たら、水瓶座はまさに後者の筆頭格。とは
いえ、単なる変化ではありません。2020
年末、水瓶座で起こったグレートコンジ
ャンクションが世界をどれほど変えたか
を考えれば、この変化の大きさは容易に
察しがつくでしょう。そう、水瓶座がもた
らすのは「革命レベルの変化」なのです!
この水瓶座には、2024年1月から冥王
星が滞在中。革命レベルの変化を担う水
瓶座に「再生と復活」を促す冥王星がい
るのですから、私たちの人生に地殻変動
が起こりつつあるのは明らか。この満月

前後、「人生をゼロからやり直したい!」
「もっと自由に生きてみたい!」と切望す
る人が多くなったとしてもなんらおかし
くありません。
これまでどうしても越えられなかった壁
を越えたい……そんな願いにもぴったり
の満月。ブレイクスルーは革命の本家本
元、水瓶座のパワーウィッシュを使うの
がベストです。

✴ 願いを叶えるワンプッシュ

もういい加減、手放すべきことがあるの
では? もはやあなたの価値観に合わな
くなったもの、続けていても成長できな
いと感じるものは、潔くリリースを。これ
以上の執着はNGです。

自由な発想

フリーランス

現状打破

出る杭になる

IT・
ネットワーク

革新的な

シンクロ

人脈・
横のつながり

合理化する

刷新する

型破り

時代にマッチ

仲間・友情

ドラスティックに

MOON COLLAGE

水瓶座
満月のムーンコラージュ

右ページに書いたパワーウィッシュを
象徴する写真を貼りましょう

POWER WISH

水瓶座満月のパワーウィッシュ

宇宙の愛と導きにより私の願いが最速で叶えられましたことに感謝し、
この幸せをあらゆる方法で世の中に還元していくことを誓います。
宇宙の愛と光が、つねに私とともにあることに感謝いたします。

アンカリングワード：ハッピーな感情or状況＋ありがとうございます

2024/9/3 ✦ 10:57

乙女座
新月の
パワーウィッシュ

Virgo
New Moon

新月当日!
Keikoの動画アドバイス♪

叶えてくれるもの

✦ 生活習慣を立て直す

✦ 体調、コンディションを整える

✦ 減量してスリムになる

✦ 与えられた役目をまっとうする

✦ 評価され、信頼を得る

✦ 完璧なレベルにもっていく

✦ その状況で最善の策を講じる

✦ うまくいっていないことを
　軌道修正する

✦ 仕事をスピーディーにこなす

✦ 断捨離、整理整頓を
　習慣づける

✦ 医療、治療、ヒーリング分野で
　成功する

✦ 胃腸、消化機能に関すること

乙女座新月に叶いやすいパワーウィッシュ例

「私は、私の腸が毎日きちんと働いて快適なお通じがあり、
つねにゴキゲンな状態でいることを意図します」

「私は、バランスのとれた食生活と規則正しい生活を心がけることで
体調が安定し、腰の痛みが私の人生から跡形もなく
消えることを意図します。さらに、いざというときふんばりもきく、
強靭な体質になることを意図します」

PWを書く前に引いた
アンカリング or アクティベイティングカード

〔　　　　　　〕番

新月のスタートアクション

衣替えの準備をしつつ、断捨離を
敢行しよう。似合わないものは処分
して正解。

ムーンウォーター情報

水を月光浴させるのに
最適な時間

18:17 〜 22:54

ボトルの下にしく

新月ボトル　**アクティベイティング**　満月ボトル
5.Be Efficient　　**カード**　　17.Declutter

Keiko's Advice　天空図から読み解く、
この日の
パワーウィッシュヒント

運の土台は「丁寧に生きる」こと 基本中のキホンを顧みる

「ふだん忘れがちだけれど、最も大切なもの」——乙女座のテーマを簡潔にいうなら、この言葉に集約されます。たとえば、日々の習慣、食生活、そして、健康。こうした「運の基本中のキホン」ともいうべきものを統括しているのが乙女座というサイン（星座）。恋愛、仕事、お金といった要素はないものの、「これがなければ始まらない」という人生の根幹を担っているのが乙女座なのです。

そもそも、自分自身がベストコンディションでいなければ、恋愛だって仕事だってうまくいくはずがありません。ましてや、チャンスを引き寄せるのは難しい。

運がよくない、願ったことが叶わない……そんなふうに感じている人は、運を云々する前に、ふだんの生活を振り返ってみては？　人生がうまくいかないのは生活習慣がメチャクチャだったり、身体に悪いものばかり食べているせいかも。まずは「きちんと暮らす」ことから始めましょう。それを意図するチャンスがこの新月です。

✳ 願いを叶えるワンプッシュ

食生活、ダイエット、エクササイズ、資格試験に向けての勉強など、ルーティーン化したいものをリストアップ。目標数値や時期を設定しておくと成就力がアップします。

完璧な

役に立つ

健康的

調整する

ダイエット　　オーガナイズ　　効率よく

ベスト
コンディション

無駄を省く

整理整頓

習慣化する

サポートする

デトックス

2024
9/3
10:57
乙女座 ✦ 新月

MOON COLLAGE

乙女座
新月のムーンコラージュ

右ページに書いたパワーウィッシュを
象徴する写真を貼りましょう

ルーティーン

自己管理

POWER WISH

乙女座新月のパワーウィッシュ

私がここで願うことは宇宙意志と完全に調和し、世の中に愛と繁栄を
もたらす最良の方法であると確信しています。
私が今から願うことを通して、この世に生きとし生けるすべてのものに、
私の愛と力が速やかに届くことを意図します。

アンカリングワード：私は〜を意図します／〜よう意図します

2024/9/18 ✴ 11:36

魚座
満月の
パワーウィッシュ
（部分月食）

Pisces
Full Moon

満月当日！
Keikoの動画アドバイス♪

叶えてくれるもの

✴ 心の整理をつける
✴ 過去の傷やトラウマが癒える
✴ 許せない人を許せるようになる
✴ 腐れ縁を断ち切る
✴ 滞ったエネルギーを循環させる
✴ スピリチュアルな感性を磨く
✴ イメージしたことを現実にする
✴ ヒーリング能力が身につく
✴ 音楽や芸術の才能を開花させる

リリースできるもの

🔹 ルーズ、自堕落な生活
🔹 ひきこもり、やる気のなさ
🔹 中毒、依存症
🔹 臆病、被害妄想
🔹 独り立ちできない
🔹 足にかかわるトラブル、
　 リンパの滞り

魚座満月に叶いやすいパワーウィッシュ例

「Y君への想いが、愛というよりたんなる惰性だと気づいた瞬間、
この関係をごく自然に手放すことができました。
まるで憑き物が落ちたように、身も心もスッキリしています。
ありがとうございます」

「フリーだから収入が安定しないのは仕方ない、という思い込みを
〝フリーは自由なうえに収入も青天井！〟
という思考にリセットしたとたん、新しいオファーが次から次へと
入ってくるようになりました。可能性が無限に広がっていくようで
ワクワクしています！　ありがとうございます」

PWを書く前に引いた
アンカリング or アクティベイティングカード

◯◯◯ 番

満月のご自愛セルフケア♥
ペディキュアを楽しもう。オレンジ、
パープル、黄色など鮮やかでカラ
フルな色を選んで。

ムーンウォーター情報
水を月光浴させるのに
最適な時間
日が沈んでいる
時間であればOK

満月ボトル
2.IMAGING

ボトルの下にしく
アンカリング
カード

新月ボトル
10.GOODWILL

Keiko's Advice
天空図から読み解く、
この日の
パワーウィッシュヒント

✦ 感情が整えば運も整う
まずは「心のくもり」を洗い流す

魚座がもっとも得意とするのは「浄化」。
感情レベル、魂レベルのクリーニングと
いってもよいでしょう。

私たちは日々いろいろな人に会い、さま
ざまな出来事に遭遇します。心を痛めた
り悲しんだり、不安や恐怖に苛まれたり
することもしばしば。そうやって知らず知
らずのうちに、あらゆる複雑な感情をた
め込んでしまっているのですね。

そんな私たちの心を癒やしてくれるのが、
魚座の満月。この満月はいわば、巨大な洗
濯機のようなもの。迷い、不安、怒り、後悔、
悲しみ、嫉妬、トラウマ……心の奥にしま

いこんだ「心のゴミ」をまるっと洗い流
してくれる──そんなエネルギーをもっ
ているのです。今回は満月のパワーアッ
プバージョン、「月食」。潜在意識に働き
かける月食の作用で闇の根源までも洗い
流され、憑き物が落ちたような感覚を味
わう人もいるでしょう。12星座のラスト
を飾る魚座は「終わり」を告げるサイン（星
座）でもあります。

✦ 願いを叶えるワンプッシュ

「水に流す」という言葉はこの満月のため
にあるようなもの。ネガティブな感情が
あるなら、それが自然に消え去ることを
願って。許しは最大の愛であることをお
忘れなく。

世界平和

水に流す

受け入れる

無条件の愛

溶けあう　循環させる　休息

天使・精霊

浄化する

癒やし・ヒーリング

手放す　一体化　一掃する

2024
9/18
11:36

MOON COLLAGE

魚座
満月のムーンコラージュ

魚座 ✦ 満月

右ページに書いたパワーウィッシュを
象徴する写真を貼りましょう

赦し

魚座満月のパワーウィッシュ

宇宙の愛と導きにより私の願いが最速で叶えられましたことに感謝し、
この幸せをあらゆる方法で世の中に還元していくことを誓います。
宇宙の愛と光が、つねに私とともにあることに感謝いたします。

アンカリングワード：ハッピーな感情or状況＋ありがとうございます

2024/10/3 ✦ 03:50

天秤座
新月の
パワーウィッシュ
（金環日食）

Libra
New Moon

新月当日！
Keikoの動画アドバイス♪

叶えてくれるもの

✽ 狙ったものを
　確実に手に入れる

✽ 新しい関係がスタートする

✽ 好きな人との関係が進展する

✽ 婚約、結婚、入籍をする

✽ あらゆる人間関係がよくなる

✽ パートナー候補が現れる

✽ 好条件で契約がまとまる

✽ 訴訟・裁判に勝つ

✽ 好感度が高まり、
　人気者になる

✽ 物怖じしなくなる

✽ よいビジネスパートナーが
　みつかる

✽ ウエスト、腰に関すること

天秤座新月に叶いやすいパワーウィッシュ例

「私は、大好きな旅行やテニスを一緒に楽しめる男性と出会い、
たがいに心地よい距離感をキープしながら日に日に愛を深め、
結婚後もいつまでも恋人同士のような
ベストパートナーであり続けることを意図します」

「私はまず、与えられた業務を完璧に仕上げることで
N部長から信頼され、それとともに、自分からも積極的に
コミュニケーションをとりながら、N部長の片腕として
あうんの呼吸で仕事をしていくことを意図します」

新月のスタートアクション

天秤座といえばファッション。お気に入りの服を新調しよう。最高に似合う1枚を選んで。

ムーンウォーター情報
水を月光浴させるのに
最適な時間

17:46 ～ 22:26

ボトルの下にしく
アクティベイティング
カード

新月ボトル
18.Do Not Judge

満月ボトル
36.Ventilate

Keiko's Advice 天空図から読み解く、この日のパワーウィッシュヒント

✴ 新月パワー10倍増の「日食」引き寄せたい人を明確に！

人生は出会いの連続。いつどのタイミングで誰と出会い、誰とどんな関係を育んでいくのか——人生はつまるところ、その積み重ねなのです。「人生は出会いで決まる」と言っても過言ではないでしょう。

その重要なテーマを支配しているのが天秤座。ステキなパートナーと出会って結婚したい、意中の人と結ばれたい、夫婦関係をもっとよくしたい……そんな願いを叶えるのに、天秤座ほどパワーを発揮するサイン（星座）はありません。

しかも今回は「金環日食」！ 素晴らしいのはこの新月が、ラッキースター木星と

ゆるやかにトライン（120度）をとっていること。新月と木星のトラインはまさに「吉兆」。素敵なパートナーシップが始まることを暗示しています。

天秤座というとどうしても「恋愛・結婚のサイン」と思いがちですが、実は仕事上の人間関係も天秤座の統括。条件に合うビジネスパートナーや取引先、コラボ相手を探している人もこの新月（日食）を有効に使って。

✴ 願いを叶えるワンプッシュ

この新月は、公私にわたって新しい出会いを願うのにピッタリ！ すでに決まった相手がいるなら、2人そろって新たなステージに向かうことを意図しても。

バランス

洗練された

合意する

立ち居ふるまい

美しくなる

WIN-WIN

出会い

好感度の高い

愛される

第一印象

愛と調和

公正・公平

結婚・婚約

恋人・パートナー

魅力的な

2024
10/3
03:50
天秤座 ✦ 新月

MOON COLLAGE

天秤座
新月のムーンコラージュ

右ページに書いたパワーウィッシュを
象徴する写真を貼りましょう

天秤座新月のパワーウィッシュ

私がここで願うことは宇宙意志と完全に調和し、世の中に愛と繁栄を
もたらす最良の方法であると確信しています。
私が今から願うことを通して、この世に生きとし生けるすべてのものに、
私の愛と力が速やかに届くことを意図します。

アンカリングワード：私は〜を意図します／〜よう意図します

2024/10/17 ✦ 20:28

牡羊座
満月の
パワーウィッシュ

Aries
Full Moon

満月当日！
Keikoの動画アドバイス♪

叶えてくれるもの

✳ 自己肯定感を高める

✳ 新しいことをスタートさせる

✳ 展開をスピーディーにする

✳ 組織を出て独立する、自立する

✳ トップの座を手にする

✳ 好きな道を突き進む

✳ 自分らしい人生を生きる

✳ スポーツ、エクササイズに
　 関すること

リリースできるもの

♦ 短気、怒り、ケンカっ早さ

♦ せっかち、衝動、あせり

♦ 頭、顔、髪にかかわる悩み

♦ 協調性のなさ

♦ （勝者に対する）嫉妬

♦ 頭痛

牡羊座満月に叶いやすいパワーウィッシュ例

「K社の中途採用に応募したところトントン拍子に選考を通り、
あっというまに採用になりました！
あまりの急展開に我ながらビックリですが、雑誌の編集に関わって
いる毎日が楽しくてたまりません！　ありがとうございます」

「T君と出会ってから自分の魅力と新たな可能性に気づき、
自己評価がみるみる高まっていくのを実感しています。
人間関係も一変し、大幅な収入アップも叶いました。
そのきっかけをくれたT君に心から感謝。ありがとうございます」

満月のご自愛セルフケア♥
大切な目をいたわろう。45分パソコンに向かったら5分遠くを見る、を意識して。

ムーンウォーター情報
水を月光浴させるのに
最適な時間
**日が沈んでいる
時間であればOK**
ボトルの下にしく

満月ボトル　　アンカリング　　新月ボトル
17.ASSOCIATION　　カード　　**20.FLEXIBILITY**

Keiko's Advice　天空図から読み解く、この日の
パワーウィッシュヒント

✦ 自己肯定感を一気に高める
スーパームーン

この満月は、地球にもっとも近い位置で起こる「スーパームーン」。肉眼でハッキリ見えるほど近くにある月がさらに地球に近づき、しかも満月となれば、私たちに対する影響力が増大するのは当然。

ではこの巨大なエネルギーをどう活かすか？　じつはこの満月、専門用語で「グランドクロス」と呼ばれる四角形の一角を担っています。身動きのとれない状態を暗示するグランドクロスですが、だからといって恐れる必要はなし。この満月がスーパームーンであるということは、その状態を打破する力も強いのですから！

そもそも、身動きのとれない状態の原因は、満月のすぐ隣にあるキローンを見れば明らか。「自分自身に対する過小評価や自己否定こそが身動きの取れない状態をつくっている」──満月とコンジャンクションするキローンが、そう教えてくれているのです。

このスーパームーンではまず自分自身、もしくは自分の在り方を肯定することからスタートです。

✦ 願いを叶えるワンプッシュ

あなたは何をやっているとき「自分らしい」と感じますか？　「無理がない」と実感しますか？　何かに情熱的に打ち込んでいる自分の姿を言葉にするのも◎。

情熱　　　　勢いよく　　　　　　　チャレンジする　　　　切り開く

独立する　　　自立する　　　　　　　　　　　　　　　　行動力

スタートダッシュ　　　　　　　　　　　　　　　　　　　勇気

スピーディー　　　自分オリジナル　　　バイタリティ　　勝負に出る

2024
10/17
20:28

牡羊座 ★ 満月

MOON COLLAGE

牡羊座
満月のムーンコラージュ

右ページに書いたパワーウィッシュを
象徴する写真を貼りましょう

一歩踏み出す

牡羊座満月のパワーウィッシュ

宇宙の愛と導きにより私の願いが最速で叶えられましたことに感謝し、
この幸せをあらゆる方法で世の中に還元していくことを誓います。
宇宙の愛と光が、つねに私とともにあることに感謝いたします。

アンカリングワード：ハッピーな感情or状況+ありがとうございます

2024/11/1 ✦ 21:48

蠍座
新月の
パワーウィッシュ

Scorpio
New Moon

新月当日!
Keikoの動画アドバイス♪

叶えてくれるもの

✱ 狙ったものを
　確実に手に入れる

✱ 物事を深く掘り下げる

✱ 並はずれた集中力を発揮する

✱ 愛する人との絆を深める

✱ ソウルメイトを引き寄せる

✱ 過去の失敗を成功に変える

✱ 再生・復活させる

✱ 美しく変貌を遂げる

✱ 不動産を購入する

✱ 不労所得を手にする

✱ 子宮、卵巣、生理に
　関すること

✱ ホルモン、セクシャリティに
　関すること

蠍座新月に叶いやすいパワーウィッシュ例

「私は、A君との関係がさらに深まり、
2人の家族や仲間たちにも心から祝福され、
私たちとつながる人がみな幸せになり、
世の中に貢献もできるようなカップルになることを意図します」

「私は父に対して心を開き、これまで私たちを養い育ててくれたことに
素直に感謝し、私から愛をもって歩み寄ることを意図します。
私はまた、これまで多くの学びと気づきを与え、
私を人間的にも成長させてくれた父に心から感謝し、
父の幸せな余生を心から願える自分になることを意図します」

新月のスタートアクション

なにかひとつ寝具を買い替えよう。
シーツ、枕（カバー）、布団などお
好きなものを。

ムーンウォーター情報
水を月光浴させるのに
最適な時間
21:58 〜 23:57

ボトルの下にしく

新月ボトル　　**アクティベイティング**　　満月ボトル
9.Be Stabilized　　カード　　**27**.Lighten Your Body

Keiko's Advice　天空図から読み解く、
この日の
パワーウィッシュヒント

魂が本気でそれを望むなら
敗者復活も可能

蠍座のニックネームは「フェニックス（不
死鳥）」。その名の通り、転んでもただでは
起きないしぶとさが蠍座の真骨頂。そして
それは「再生」「復活」という形で表れます。
人生、すべてが自分の思い通りになるわ
けではありません。努力したのに失敗に
終わることもあれば、途中で挫折し諦め
てしまうことだってあるでしょう。
だからといって、二度と成功のチャンスが
ないのかといえば、けっしてそうじゃな
い！　いえむしろ、「チャンスは一度限り」
ということの方が圧倒的に少ないはず。
「成功者の共通点は、成功するまで諦めな

かったということだ」──この言葉通り、
この世のほとんどのことは再チャレンジ
が可能なのです！
復活させたいことがあるなら、この新月
がまさにそれを意図するタイミング。トラ
イン（120度）をとる土星が努力の必要
性を物語ってはいるものの、あなたの魂
がそれを求めるなら、この蠍座新月はき
っと力を貸してくれるはずです。

✦ 願いを叶えるワンプッシュ

新月―土星の美しいトラインは、ここで
願ったことが人生の土台となって、半永
久的に続くことを示唆。腰を据えて取り
組みたいことがあるなら、ここでしっかり
意図して。

リベンジ

集中力

不動産

先祖・家系

唯一無二　　再生・復活

結ばれる

ソウルメイト

底力

継承する

心機一転

遺産

ロイヤリティ

MOON COLLAGE

蠍座
新月のムーンコラージュ

右ページに書いたパワーウィッシュを
象徴する写真を貼りましょう

不労所得

生まれ変わる

蠍座新月のパワーウィッシュ

私がここで願うことは宇宙意志と完全に調和し、世の中に愛と繁栄を
もたらす最良の方法であると確信しています。
私が今から願うことを通して、この世に生きとし生けるすべてのものに、
私の愛と力が速やかに届くことを意図します。

アンカリングワード：私は〜を意図します／〜よう意図します

2024/11/16 ✦ 06:30

牡牛座
満月の
パワーウィッシュ

Taurus
Full Moon

満月当日！
Keikoの動画アドバイス♪

叶えてくれるもの

✲ 収入、財産を増やす

✲ お金に対するブロックを外す

✲ 衣食住のクオリティを高める

✲ 不確実なものを確実にする

✲ 才能、センスをお金に換える

✲ 才能が開花する

✲ 物事を安定路線にもっていく

✲ 豊かに心地よく暮らす

リリースできるもの

❧ 頑固、融通が利かない

❧ しつこさ、こだわりすぎ

❧ 執着、失うことへの恐れ

❧ 喉、首、声、甲状腺に
　かかわるトラブル

牡牛座満月に叶いやすいパワーウィッシュ例

「利益より心地よく働くことを優先させたら仕事の質が上がり、
驚くほど収入が増えました！
月収50万円の壁も軽々突破できたことが驚きです！
ありがとうございます！」

「私はいま、息を吸うようにお金を引き寄せ、得意なことをすればするほど
富が流れ込んでくるという好循環を生みだしています。
私と関わるすべての人にこの幸せをシェアできていることに、
この上ない喜びを感じます。ありがとうございます」

満月のご自愛セルフケア❤️
美味しいものを食べて幸せを味わ
おう。手間と時間をかけてつくられ
た、愛あるものを。

ムーンウォーター情報
水を月光浴させるのに
最適な時間
日が沈んでいる
時間であればOK
ボトルの下にしく

満月ボトル
36.GRATITUDE

アンカリング
カード

新月ボトル
1.WORDS

Keiko's Advice　天空図から読み解く、
この日の
パワーウィッシュヒント

✦ 望むものが「すでにある」状態を 五感すべてで感じ取る

牡牛座新月が「自分が望む豊かさ」を宇宙にオーダーするタイミングなら、その半年後にやってくる牡牛座の満月は、それが手に入った幸せと喜びを先取りするタイミング。

ここでモノをいうのが「五感」。美味しいものを口にしたときの至福感、バラ園でかぐわしい香りに包まれたときの恍惚感、オーケストラの音色が響き渡ったときの細胞の震え……etc.そんなふうに感覚的にイメージすることで現実化が早まります。

注意したいのは、常識や思い込みに騙されないようにすること。というのも、あなた自身の価値観がすでに変化している可能性があるから。

去年までは都心のタワマン最上階に住むことが豊かさと信じて疑わなかったかもしれないけれど、いま、あなたの潜在意識は「自然に囲まれた一軒家に暮らす」ことを豊かだと感じ始めているかもしれません。どういう豊かさを自分は求めているのか？　常識や世間体に惑わされず、ハートが待ち望む豊かさを言葉にして。

✦ 願いを叶えるワンプッシュ

満月の隣にある天王星は「価値観の変化」を示唆。豊かさとは本来、頭で考えるものではなく、ハートで感じ取るもの。自然に心満たされる豊かさをイメージして。

富・豊かさ

安定する

手堅く

余裕

ふんだんに　　定期的に　　不自由なく

有り余るほどの

揺るぎない

堪能する

才能・ギフト

満ち足りた

五感

ハイクオリティ

MOON COLLAGE

牡牛座
満月のムーンコラージュ

右ページに書いたパワーウィッシュを
象徴する写真を貼りましょう

POWER WISH

牡牛座満月のパワーウィッシュ

宇宙の愛と導きにより私の願いが最速で叶えられましたことに感謝し、
この幸せをあらゆる方法で世の中に還元していくことを誓います。
宇宙の愛と光が、つねに私とともにあることに感謝いたします。

アンカリングワード：ハッピーな感情or状況+ありがとうございます

2024/12/1 ✶ 15:23

射手座
新月の
パワーウィッシュ

水星
逆行中！

Sagittarius
New Moon

新月当日！
Keikoの動画アドバイス♪

叶えてくれるもの

✶ 今あるものを拡大・発展させる

✶ チャンスと可能性を引き寄せる

✶ 楽観的に明るく生きる、
　行動できる人になる

✶ 世界を股にかけて活躍する

✶ どんなことでも平均以上の
　結果を出し、成功する

✶ ピンチになっても
　助け船が現れる

✶ 強運が当たり前になる

✶ オープンで外向的な
　性格になる

✶ 海外とのつながりができる

✶ マスコミ、出版分野で活躍する

✶ 腰、ヒップ、太腿に関すること

射手座新月に叶いやすいパワーウィッシュ例

「私は〝ダイエット＝苦しいもの〟という概念を払拭し、
私が成功した健康的なダイエット法を
世の人々に知ってもらうために、
私にとって最高のタイミングで
ダイエット本を出版することを意図します」

「私は東京とNYを往復しながら2つの会社の経営を
見事に成功させ、子育ても楽しみつつ、
愛する夫と夫婦水入らずの時間も十分満喫することを意図します」

2024
12/1
15:23
射手座 ✶ 新月

新月のスタートアクション
ちょっぴり遠出してみよう。クルマでも電車でもいいから心の赴くまま、見知らぬ街へ。

ムーンウォーター情報
水を月光浴させるのに
最適な時間
17:32 ～ 22:22
ボトルの下にしく

新月ボトル　　**アクティベイティング**　　満月ボトル
25. Increase Range　　カード　　**23.**Expand Action

Keiko's Advice　天空図から読み解く、
この日の
パワーウィッシュヒント

✦ 意識の地平線を広げ
ビッグな夢を思い描く

射手座の新月のテーマはズバリ、「可能性の種蒔き」。もちろんすべての新月がそうなのですが、この新月は「もっとも大きな種を蒔けるとき」と考えてください。同じ新月でも、蒔くべき種（＝育ちやすい種）はその時々で違います。たとえば、蟹座や乙女座。これらの新月では日常的な、いわば身の丈レベルの種を蒔くと育ちやすいけれど、逆に、牡羊座や獅子座の新月で、日常的かどうかを気にするのは無意味。というのも、牡羊座や獅子座のような「火のサイン（星座）」では、トキメキやワクワク感を重視する方がずっと大切だから。それでいうと射手座は、ビッグな種を蒔くべきとき。たとえ今の時点で非現実的に思えても、より大きな可能性を感じる種を蒔いた方がいい。その方がむしろ、現実化しやすいのです。

射手座の新月ではラッキースター木星が活性化するため、棚ボタやミラクルが起きやすいのもありがたいところ。制限、上限は不要。大きな夢を思い描いて。

✦ 願いを叶えるワンプッシュ

広げたい、増やしたい、成功させたい、繁栄させたい……etc.それが何であれ、大きくしたいものは射手座新月にお任せを。公私問わず、海外にかかわる願いもこの新月がベストです。

向上心

強運

オープンマインド

楽観的

棚ボタ

自由気まま

旅行

インターナショナル

飛び込む

のびのびと

新しい世界

成功する

海外

2024
12/1
15:23
射手座✦新月

MOON COLLAGE

射手座
新月のムーンコラージュ

右ページに書いたパワーウィッシュを
象徴する写真を貼りましょう

世界を股にかけて

活躍する

射手座新月のパワーウィッシュ

私がここで願うことは宇宙意志と完全に調和し、世の中に愛と繁栄を
もたらす最良の方法であると確信しています。
私が今から願うことを通して、この世に生きとし生けるすべてのものに、
私の愛と力が速やかに届くことを意図します。

アンカリングワード：私は〜を意図します／〜よう意図します

2024/12/15 ✦ 18:03

双子座
満月の
パワーウィッシュ

水星
逆行中！

Gemini
Full Moon

満月当日！
Keiko の動画アドバイス♪

叶えてくれるもの

✴ SNSのフォロワーを増やす

✴ 物ごとを正しく的確に伝える

✴ 多方面でマルチに活躍する

✴ 必要な情報を手に入れる

✴ 興味があることを勉強して
　可能性を広げる

✴ 新しい環境に順応する

✴ 副業で利益を得る

✴ 世渡り上手になる

リリースできるもの

🌢 コミュニケーションの苦手意識

🌢 飽きっぽい、集中できない

🌢 口ベタ、人見知り

🌢 ネット依存

🌢 手、腕、呼吸器にかかわる
　トラブル

🌢 花粉症

双子座満月に叶いやすいパワーウィッシュ例

「お気に入りカフェをSNSで紹介し続けていたら、
それがいつの間にか本業になってしまいました！
今は好きなことをして収入も安定し、
こんなに楽しく生きていていいのかと思えるほどです！
今のライフスタイルに心から満足です。
ありがとうございます！」

PWを書く前に引いた
アンカリング or アクティベイティングカード

_____ 番

満月のご自愛セルフケア♥
深呼吸を意識しよう。勉強や仕事
の合間、お風呂の中で、そして眠
りにつくとき。

ムーンウォーター情報
水を月光浴させるのに
最適な時間
**日が沈んでいる
時間であればOK**

ボトルの下にしく

満月ボトル　　　　アンカリング　　　新月ボトル
18.GENEROSITY　　　カード　　　　**12.HABITS**

Keiko's Advice 天空図から読み解く、
この日の
パワーウィッシュヒント

✦「木星＋満月in双子座」の恩恵を 120％引き寄せる！

ここではまず、半年前の双子座新月（6
月6日）で書いた願いを見直すことから
スタート。書いたことは叶っていますか？
現実に近づいているでしょうか？

まだ現実化していないことを「満月バー
ジョン」で書き直すのがオススメ。半年
前に意図したことに「感謝」という高波
動のエネルギーをプラスすることで宇宙
に対する念押しとなり、現実化が早まる
のです。

いま現在、双子座のルーラー（支配星）
水星が逆行中。さらに、満月のすぐ傍に
いるラッキースター木星も逆行中。ダブル、

トリプルの意味で、まだ叶っていない願
いを書き直す絶好のチャンスなのです！
パワーウィッシュは、新月と満月でワンセ
ット。「意図＋感謝＝現実化」という宇宙
法則を確実に利用していきましょう。

もうひとつ、「双子座木星期中に実現した
いこと」もこの満月でぜひ！　双子座木
星期に起こる双子座満月は、これが最初
で最後。木星と満月が生み出すエネルギ
ーは、宇宙の祝福そのものなのです。

✦ 願いを叶えるワンプッシュ

新しい願いももちろんOK。挫折した勉強
を再開する、ワンランク上の資格を取る、
SNS投稿をバズらせる、フォロワーを増
やす……そんな願いにもぴったり。

同時進行

SNS

臨機応変

ベストタイミング

言葉・情報

軽やかに

サクッと

バラエティ豊か

リズミカルに

アイディア豊富

インプット

情報発信

アウトプット

2024
12/15
18:03
双子座★満月

MOON COLLAGE

双子座
満月のムーンコラージュ

右ページに書いたパワーウィッシュを
象徴する写真を貼りましょう

コミュニケーション

両方とも

双子座満月のパワーウィッシュ

宇宙の愛と導きにより私の願いが最速で叶えられましたことに感謝し、
この幸せをあらゆる方法で世の中に還元していくことを誓います。
宇宙の愛と光が、つねに私とともにあることに感謝いたします。

アンカリングワード：ハッピーな感情or状況＋ありがとうございます

2024/12/31 ✦ 07:28

山羊座
新月の
パワーウィッシュ

Capricorn
New Moon

新月当日！
Keikoの動画アドバイス♪

叶えてくれるもの

✴ 大きな目標を達成する

✴ 途中で挫折することなく地道に努力する

✴ 社会的評価が高まり昇格・昇進・昇給する

✴ その道の第一人者に上りつめる

✴ 不要なものを断ち切る

✴ 年長者から引き立てられ白羽の矢が立つ

✴ ステイタスがアップする

✴ 父親・上司との関係がよくなる

✴ 条件のよい見合い話がくる

✴ 歯、骨、関節、皮膚に関すること

山羊座新月に叶いやすいパワーウィッシュ例

「私はこの1年でメディカルアロマの資格を取り、
美容・医療の両面から自信をもってカウンセリングできる、
プロフェッショナルなセラピストになることを意図します」

「私はA君と少しずつ距離を縮め、
彼にとってなくてはならない存在になり、
今年夏にはたがいの両親に紹介し合うことを意図します」

2024
12/31
07:28
山羊座 ✦ 新月

新月のスタートアクション

新月は神社参拝の好機。神聖な佇まいの中、身も心も引き締まるのがわかるはず。

ムーンウォーター情報
水を月光浴させるのに
最適な時間

17:28 ～ 23:08

ボトルの下にしく

新月ボトル　　アクティベイティング　　満月ボトル
12. Change the Image　　カード　　**24.**Get Into Shape

Keiko's Advice　天空図から読み解く、この日のパワーウィッシュヒント

✦ 現実的な努力目標を設定し達成の喜びを味わう

月初の射手座新月と打って変わって、現実的な願いが叶いやすいのが山羊座の新月。これまでやってきたことと無関係の願いや突拍子もない願いを書いたところで、成就の可能性はわずか。というのも、時間と努力の積み重ねがあってこそ叶うのが、山羊座新月のパワーウィッシュだから。逆に、頑張ってきたことで結果を出したい、実績を残し評価を勝ち取りたい！と願うなら、この新月ほど頼りになるものはありません。山羊座は「結果を出す」ことが使命。その新月に具体的なゴールや目標を設定することで、しかるべきタイミングで「達成」という実りを手にすることができるのです。

長期的な時の流れを支配する山羊座だけに、叶うまでにある程度時間がかかるのは仕方ない。大切なのは、焦らないこと。時間をかけたぶん、得られるものは大きいはずですから！　山羊座は陰でしっかり見ていてくれる上司のようなもの。努力と継続に必ず応えてくれるのです。

✦ 願いを叶えるワンプッシュ

曖昧な願いや精神的・感情的な願いはこの新月に不向き。目標数値、期日、期限、ポジション、タイトルなどはできるだけ具体的に書くこと。現実とかけ離れている願いもNGです。

名声　　　　ステイタス　　　　　　　　　上りつめる

昇進・昇格

一歩一歩　　　国家資格　　　　　　　　着実に

合格する　　　　　　　　　　　　　　抜擢される

計画どおりに　　達成する　　　粘り強く　　結果を出す

2024
12/31
07:28
山羊座＋新月

MOON COLLAGE

山羊座
新月のムーンコラージュ

右ページに書いたパワーウィッシュを
象徴する写真を貼りましょう

プロフェッショナル　　評価される

POWER WISH

山羊座新月のパワーウィッシュ

私がここで願うことは宇宙意志と完全に調和し、世の中に愛と繁栄を
もたらす最良の方法であると確信しています。
私が今から願うことを通して、この世に生きとし生けるすべてのものに、
私の愛と力が速やかに届くことを意図します。

アンカリングワード：私は〜を意図します／〜よう意図します

2025/1/14 ✦ 07:27

蟹座
満月の
パワーウィッシュ

Cancer
Full Moon

満月当日！
Keikoの動画アドバイス♪

叶えてくれるもの

✳ 幸せな家庭をつくる

✳ 子どもを授かる、出産する

✳ 感情をコントロールする

✳ プライベートを充実させる

✳ 心から安らげる環境をつくる

✳ 家族同然の仲間をつくる

✳ 理想のマイホームを購入する

リリースできるもの

◆ 家族との不和、不仲

◆ 幼少期のトラウマ

◆ おせっかい、干渉しすぎ

◆ 心配性

◆ 感情のアップダウン

◆ 傷つきやすい、怖がり

◆ 胸部、バストに関する悩み
　やトラブル

蟹座満月に叶いやすいパワーウィッシュ例

「治療薬を変えてから、父の病状がみるみる良くなってきました。
笑顔を見せるようになり、言葉が前向きになったことに
家族全員喜んでいます。思い切ってドクターを替えて
本当によかった！　ありがとうございます！」

「家から徒歩2分のところに2LDKのマンションが見つかり、
私の両親が無事、引っ越しを済ませました。私の家からすぐ、
そのうえ買い物や通院にも便利になるということで、両親も大喜び！
夫、私、両親の三方よしという最高の結果に。ありがとうございます」

PWを書く前に引いた
アンカリング or アクティベイティングカード

＿＿＿＿＿
　　　　　番
＿＿＿＿＿

満月のご自愛セルフケア♥
今夜は、おうちでまったり過ごすの
が最高のご自愛に。おともにはホッ
トミルクがオススメ。

ムーンウォーター情報
水を月光浴させるのに
最適な時間
**日が沈んでいる
時間であればOK**

ボトルの下にしく

満月ボトル
31.RELEASE

アンカリング
カード

新月ボトル
15.REST

Keiko's **Advice**　　天空図から読み解く、
　　　　　　　　　　この日の
　　　　　　　　　　パワーウィッシュヒント

✦ 月の本拠地・蟹座の満月で
　心安らげる環境をつくる

新月・満月は毎回違うサイン（星座）で起
こりますが、じつは、月にとって居心地の
いいサインと、ややしっくりこないサイン
があるのです。その点、蟹座は月のホーム
グラウンド。その意味でこの満月は「もっ
とも満月らしい満月」といえるでしょう。
山羊座が仕事なら、蟹座はプライベート。
愛する人と一緒に幸せな家庭を築きた
い！というロマンチックな願いはもちろ
ん、家族や身近な人たちとよい関係をつ
くりたいと思ったら、蟹座満月の力を借り
ないわけにはいきません。
この満月に火星・冥王星という激情の2

天体が絡んでいることからみて、いま現
在、身近な人との不和や確執に悩んでい
る人は多そう。でも、そんなときこそ蟹座
満月の出番！ 「円満」の象徴であるこの
満月が大きな力になってくれます。
なにかと頭を悩ませがちな介護や子育
て、妊娠、出産。さらには引っ越しや不動
産の購入、理想の住まいに関わる願いも、
この満月が書きどきです。

✦ 願いを叶えるワンプッシュ

同じ人間関係でも、蟹座と天秤座では範
囲が違うのでご注意を。天秤座は恋人や
夫婦といった一対一の関係を統括。一方、
家族や一族、あるいは、家族同然の仲間と
いう集団を担当するのが蟹座です。

母性　　　育てる　　　　　　　　　　料理

妊娠・出産

世話をする　　親子関係　　　　　安心できる

親しむ　　　　　　　　　　　　　拠りどころ

幸せな暮らし

安らぎ　　　子育て　　　もてなす

家族だんらん　　家事

2025
1/14
07:27

MOON COLLAGE

蟹座
満月のムーンコラージュ

蟹座＋満月

右ページに書いたパワーウィッシュを
象徴する写真を貼りましょう

POWER WISH
蟹座満月のパワーウィッシュ

宇宙の愛と導きにより私の願いが最速で叶えられましたことに感謝し、
この幸せをあらゆる方法で世の中に還元していくことを誓います。
宇宙の愛と光が、つねに私とともにあることに感謝いたします。

アンカリングワード：ハッピーな感情or状況+ありがとうございます

2025/1/29 ✴ 21:37

水瓶座
新月の
パワーウィッシュ

Aquarius
New Moon

新月当日！
Keikoの動画アドバイス♪

叶えてくれるもの

* ✴ 常識にとらわれない
  生き方をする
* ✴ 束縛から解放され
  自由に生きる
* ✴ フリーランスとして活躍する
* ✴ 独創的なアイディアが浮かぶ
* ✴ 人生を思いっきり変える
* ✴ クリエイティブな才能を
  発揮する
* ✴ 仲間が増え、人脈が広がる
* ✴ インターネットビジネスを
  成功させる
* ✴ インフルエンサーになる
* ✴ 柔軟な発想をする
* ✴ ふくらはぎ・くるぶしに
  関すること、代替医療全般

水瓶座新月に叶いやすいパワーウィッシュ例

「私は今のサロンを今年3月末で円満退社し、今年5月、
表参道駅から徒歩5分のビルに、トータル美容スタジオ
『トリニティ』をオープンさせることを意図します」

「私は、ITとAIの最新情報に詳しく、
プログラミングの知識もあり、なおかつ、
シリコンバレーにも広い人脈をもつ明るくクレバーな人物と
交流をもつことを意図します」

ムーンウォーター情報
水を月光浴させるのに
最適な時間
21:41 ～ (30日)00:51

ボトルの下にしく

新月ボトル	アクティベイティング	満月ボトル
4.Awaken Instincts	カード	20.Enjoy Challenge

新月のスタートアクション
新しいアプリやソフトを導入しよう。
作業の効率化でチャンスの訪れも
早まる!

Keiko's Advice 天空図から読み解く、
この日の
パワーウィッシュヒント‥‥‥‥‥

風の時代に相応しい
自由な生き方にシフトする

風の時代に入って以降、私たちの働き方
は大きく変わりました。都会を離れる人、
リモートワークにシフトする人が増え、フ
リーランスの道を選ぶ人も多くなってき
ています。みなさんの中にもきっとフリー
になろうかどうしようか迷っている方が
いらっしゃるでしょう。
そもそも、なぜフリーになろうと思うので
しょう? なぜ、組織から離れて活動した
いと思うのか? その目的は「自由」。そう、
もっと自由が欲しいから! ですよね?
とはいえ、人は一人では生きていけませ
ん。自由であればあるほど、たがいに支え

合う仲間が必要になってくるのです。事
実、これからの時代、重要なのは何をする
かではなく、「誰と組むか」。生きるベー
スが会社や組織から、志を同じくする仲
間や友人、コミュニティーへと変化して
いくのですね。
自由、仲間、人脈、コミュニティー……こ
れらはみな、風の時代の「MUST HAVE」。
それを引き寄せてくれるのが、水瓶座の
新月なのです。

✦ 願いを叶えるワンプッシュ

横のつながりをつくるのが得意な水瓶座。
テニス仲間が欲しい、オンラインサロンを始
めたい、友人たちと一緒に起業したい……
そんな願いにはこの新月がうってつけ。

シンクロ

刷新する

仲間・友情

現状打破

出る杭になる

IT・ネットワーク

型破り

横のつながり

人脈・

時代にマッチ

合理化する

フリーランス

自由な発想

革新的な

2025
1/29
21:37

水瓶座✦新月

MOON COLLAGE

水瓶座
新月のムーンコラージュ

右ページに書いたパワーウィッシュを
象徴する写真を貼りましょう

ドラスティックに

理想通り

水瓶座新月のパワーウィッシュ

私がここで願うことは宇宙意志と完全に調和し、世の中に愛と繁栄を
もたらす最良の方法であると確信しています。
私が今から願うことを通して、この世に生きとし生けるすべてのものに、
私の愛と力が速やかに届くことを意図します。

アンカリングワード：私は〜を意図します／〜よう意図します

2025/2/12 ★ 22:55

獅子座
満月の
パワーウィッシュ

☾

Leo
Full Moon

満月当日！
Keikoの動画アドバイス♪

叶えてくれるもの

✴ 明るく前向きに生きる

✴ 思うままに
　人生をクリエイトする

✴ 自信をもって大胆に生きる

✴ 自分を上手にアピールする

✴ 注目を浴び賞賛される人になる

✴ ゴージャスライフを手に入れる

✴ 好きなことや趣味を仕事にする

✴ チームや会社をまとめあげる

✴ 芸能やショービズ界で成功する

リリースできるもの

❧ 見栄っぱり、虚栄心

❧ 自信のなさ、コンプレックス

❧ 自己否定、過小評価

❧ わがまま、自己中心的

❧ 心臓、背中、血液、姿勢に
　関する悩みやトラブル

獅子座満月に叶いやすいパワーウィッシュ例

「″仕事は自分を表現するための手段″という
マインドセットをしたら、面白そうな仕事がどんどん
入ってくるようになりました！　ずっとやりたいと思っていた
ラジオのオファーがあったのにはビックリです！
ありがとうございます」

2025
2/12
22:55

獅子座★満月

PWを書く前に引いた
アンカリング or アクティベイティングカード

_____ 番

満月のご自愛セルフケア♥
自分のポートレイトを部屋に飾って
みよう。満面の笑みをたたえている
写真がベスト。

ムーンウォーター情報
水を月光浴させるのに
最適な時間
**日が沈んでいる
時間であればOK**
ボトルの下にしく

満月ボトル　　アンカリング　　新月ボトル
6.SELF CONFIDENCE　　カード　　**30.COURAGE**

Keiko's Advice 　天空図から読み解く、
この日の
パワーウィッシュヒント

✳ 自分のアピールポイントを再確認、路線変更も◎

この満月では、自分自身を表現することが求められます。……などというと「え？そんなのムリ！」と思う方もいらっしゃるでしょう。でも、趣味だって習慣だって、もっといえば仕事だって、立派な自己表現。自覚していないだけで、人生は日々、自己表現の連続なのです！

とはいえ、せっかくなら自分の良さや魅力、得意なことを披露したいと思いませんか？　では、「あなたが得意なことは何でしょう？」。大切なのはまず、自分のアピールポイントを自覚すること。それをどんな形で花開かせたいか、それによって

何を手にしたいか。これを明確にすることです。このパワーウィッシュはぜひ、セルフブランディングをするつもりで書いてみて。

この満月、けっして穏やかではありません。それもこれも、現状打破の旗手・天王星から猛烈なプレッシャーを受けているから。逆にいえば、いまがまさに「変わりどき」。「自分改革に踏み切るならいま！」というGOサインですよ。

✳ 願いを叶えるワンプッシュ

この満月は「自信あふれる私」の象徴。あなたはどんなとき最も輝いていますか？　クリエイティブなお仕事の方は、傑作の完成を願うのも◎。

プライド

堂々と

オーラ

ドラマティック

光り輝く　　ゴージャス　　VIP

アイデンティティ

主役になる

エンジョイする

注目の的

楽しみながら

自信をもって

表現する

MOON COLLAGE

獅子座
満月のムーンコラージュ

右ページに書いたパワーウィッシュを
象徴する写真を貼りましょう

獅子座満月のパワーウィッシュ

宇宙の愛と導きにより私の願いが最速で叶えられましたことに感謝し、
この幸せをあらゆる方法で世の中に還元していくことを誓います。
宇宙の愛と光が、つねに私とともにあることに感謝いたします。

アンカリングワード：ハッピーな感情or状況+ありがとうございます

2025/2/28 ✦ 09:46

魚座
新月の
パワーウィッシュ

10天体
順行中！

Pisces
New Moon

新月当日！
Keikoの動画アドバイス♪

叶えてくれるもの

✳ 心の整理をつける

✳ 過去の傷やトラウマが癒える

✳ 大きな愛と
広い心をもつ人になる

✳ 許せない人を
許せるようになる

✳ 目に見えない世界からパワー
を受け取る

✳ スピリチュアルな感性を高める

✳ 滞ったエネルギーを循環させる

✳ イメージしたことを現実にする

✳ ヒーリング能力を身につける

✳ 音楽や芸術の才能を開花させる

✳ 腐れ縁を断ち切る

✳ 足、リンパ、睡眠に関すること

魚座新月に叶いやすいパワーウィッシュ例

「私は、私の発信している子育てブログが産後ウツになっている
ママたちを勇気づけ、彼女たちの心の支えとなり、それによって
世の中に子育てを楽しむ女性が増えることを意図します」

「私は、趣味で描いているイラストが出版社の目に留まり、
Ｖ誌編集部から仕事のオファーが舞い込み、それをきっかけに
プロのイラストレーターとして本格的に活動することを意図します」

新月のスタートアクション

世のため人のためになることをしよう。募金でも人助けでも、高齢者との会話でも。

ムーンウォーター情報
水を月光浴させるのに
最適な時間

18:09 ～ 23:10

ボトルの下にしく

新月ボトル	アクティベイティング	満月ボトル
36. Ventilate	カード	**18.**Do Not Judge

Keiko's Advice 天空図から読み解く、この日のパワーウィッシュヒント ……………

心のゴミを処分、
気持ちの整理をつける

この新月から1ヵ月もしないうちに、次の宇宙元旦がやってきます。宇宙カレンダー上の2024年がまもなく終わり、2025年がやってくるのです。ということは……そう、大掃除！

魚座で新月が起こるこの時期は、年に一度の「クリーニングタイム」。ここで一掃したいのは「心のゴミ」。心の片隅に巣くっているネガティブな感情はもちろん、楽しくない仕事、人間関係、腐れ縁、惰性で仕方なく続けていること……etc.新しい年がやってくるまでに手仕舞いしておくべきことが、きっといろいろあるはず。

大切なのは、この新月で気持ちの整理をつけること。運もチャンスも、スペース（余裕）のあるところに舞い込みます。つまりこの新月は、幸運を招き入れるための「スペースづくり」。「いまの自分にもう必要ない！」と思うものは、このパワーウィッシュで潔くリリースを。心の整理をつけ、まっさらな気持ちで宇宙元旦を迎えましょう。

★ 願いを叶えるワンプッシュ

ここで重視すべきは、理屈ではなく「感情」。あなた自身の気持ちです。頭で考えた願いや希望はもしかすると、あなたが本当に望んでいることではないのかも。利益はいったん度外視が正解。

水に流す

休息

白紙に戻す

世界平和

リセット　　溶けあう　　受け入れる

癒やし・ヒーリング

浄化する

無条件の愛　　一掃する　　天使・精霊　　手放す

循環させる

一体化

2025
2/28
09:46

魚座✦新月

MOON COLLAGE

魚座
新月のムーンコラージュ

右ページに書いたパワーウィッシュを
象徴する写真を貼りましょう

魚座新月のパワーウィッシュ

私がここで願うことは宇宙意志と完全に調和し、世の中に愛と繁栄を
もたらす最良の方法であると確信しています。
私が今から願うことを通して、この世に生きとし生けるすべてのものに、
私の愛と力が速やかに届くことを意図します。

アンカリングワード：私は〜を意図します／〜よう意図します

2025/3/14 ✦ 15:56

乙女座
満月の
パワーウィッシュ
（皆既月食）

Virgo
Full Moon

満月当日！
Keikoの動画アドバイス♪

叶えてくれるもの

✳ 生活環境を整える

✳ 軌道修正をはかる

✳ 機能するよう改善策を講じる

✳ 断捨離、整理整頓を習慣づける

✳ 生活習慣を立て直す

✳ 体調を整える、スリムになる

✳ 医療、治療、ヒーリング分野で
　成功する

リリースできるもの

🖌 神経質、批判的

🖌 マイナス思考

🖌 ミスを許せない

🖌 完璧でないと不満

🖌 過度に繊細、デリケート

🖌 胃腸や体重に関する悩み

🖌 便秘、下痢

乙女座満月に叶いやすいパワーウィッシュ例

「〝正義を振りかざすことが正義ではない〟という言葉を知り、
判断基準がガラリと変わりました。
理屈に合わないものもよしとする余裕が生まれたせいか
人間関係もよくなり、つねに心穏やかでいられます。
ありがとうございます！」

「毎食温野菜をたっぷり摂り、エレベーターをやめて
階段を使うようにしたら身体がみるみる軽くなってきました！
特別なダイエットなしでスルッと痩せたことに感謝です！
ありがとうございます！」

満月のご自愛セルフケア♥
温かく、消化のよいものを口にしよ
う。刺激物を避け、野菜には火を
通すのがお約束。

ムーンウォーター情報

水を月光浴させるのに
最適な時間
日が沈んでいる
時間であればOK

ボトルの下にしく

満月ボトル
13.CHANGE

アンカリング
カード

新月ボトル
25.STRENGTHS

Keiko's Advice 天空図から読み解く、
この日の
パワーウィッシュヒント

✦ 快適に過ごすための現状整理
必要ならば軌道修正も

2週間前の新月が起こる魚座が心や感情
を扱うのに対し、乙女座が担当するのは、い
まここにある現実。「現実的に機能するかど
うか」をつねに厳しくチェックするのが12
星座のオーガナイザー、乙女座なのです。
2025年の宇宙元旦まで約1週間。新し
い年を迎える準備は進んでいますか？
やらなければならないことが山積し、身動
きのとれない状態になっていませんか？
もし自分の望まない方向に進んでいるこ
とがあるなら、この満月で軌道修正が必
要。たとえば、嫌々ながら続けている仕事。
負担になっている業務。あなたの意に添

わない契約……etc.何の手も打たずにこ
うしたものを放っておくと、いずれひずみ
が生じます。このタイミングで修正をか
けなければ！
不健康な生活や食習慣、惰性で続けてい
ること、捨てたいのに捨てられないもの…
…こうしたものもすべて、あなたの前進を
阻む足枷。キレイさっぱり手仕舞いする
ことを、この満月で願っておきましょう。

✦ 願いを叶えるワンプッシュ

乙女座は健康にかかわる願いもお手のも
の。体調が思わしくない人はまず、毎日ベ
ストコンディションで過ごしている自分
の姿をイメージ。その快適な状態を具体
的な言葉にして。

完璧な

調整する

断捨離

サポートする

ダイエット　　効率よく

役に立つ

オーガナイズ

デトックス

習慣化する　　無駄を省く　　健康的　　整理整頓

ベスト
コンディション

MOON COLLAGE

乙女座
満月のムーンコラージュ

右ページに書いたパワーウィッシュを
象徴する写真を貼りましょう

乙女座満月のパワーウィッシュ

宇宙の愛と導きにより私の願いが最速で叶えられましたことに感謝し、
この幸せをあらゆる方法で世の中に還元していくことを誓います。
宇宙の愛と光が、つねに私とともにあることに感謝いたします。

アンカリングワード：ハッピーな感情or状況+ありがとうございます

POWER WISH
Special Appendix - I
パワーウィッシュ追加シート

パワーウィッシュは「人生を自らの手でクリエイトできる」もっともカンタンかつ有効な方法。なにしろ、必要なのはたった２つ —— ペンとこのノートのみ。

パワーウィッシュは続けるほど成就力がアップするので、月２回の習慣にしてしまうのがいちばん！　コツは、楽しみながら書くこと。「次のパワーウィッシュが待ちきれない♪」くらいになったらシメたもの。人生を自在にコントロールできる日も遠くないわ。

８冊目の今回もみなさんからのリクエストにお応えし、巻末に「切り取り式追加シート」をご用意。「毎回書きたいことがたくさんあってページが足りない！」という方々にも、きっとご満足いただけるのではないかしら。

この追加シートはその都度切り取って、該当する新月・満月のページに挟み込んでくださいね。

Keiko

[　　　]座[　　]月のパワーウィッシュ(つづき)

PowerWish

[　　　　]座[　　　　]月のパワーウィッシュ（つづき）

PowerWish

[　　　]座[　　]月のパワーウィッシュ（つづき）

PowerWish

[　　　]座[　　　]月のパワーウィッシュ（つづき）

[　　]座[　　]月のパワーウィッシュ（つづき）

PowerWish

[　　]座[　　]月のパワーウィッシュ（つづき）

PowerWish

[　　　]座[　　　]月のパワーウィッシュ（つづき）

PowerWish

月〔ツキ〕を味方に

by Keiko

POWER
WISH
Special Appendix - Ⅱ
ムーンコラージュ
イメージサンプル集

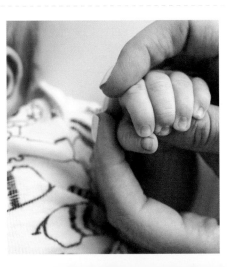

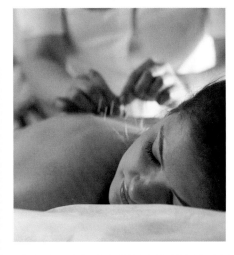

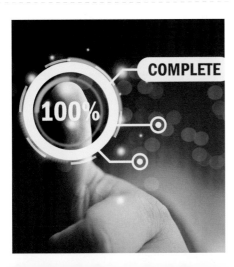

Keiko

月を使った開運法「ルナロジー®」、新月・満月を使った願望達成法「パワーウィッシュ®」創始者。慶應義塾大学法学部政治学科卒業。(株)電通退社後、「占星術は占いではなく、星のエネルギーを読み取るスキル」というポリシーのもと、独自の切り口で開運情報の提供を開始。政財界・芸能界にもファンが多く、ブログ読者は12万人、著書の累計発行部数は180万部超。Keiko'sパワーウィッシュアカデミーでは新月・満月の動画解説のほかKeiko占星術の奥義、マゼンタパワーの実践的な使い方も伝授。『自分の「引き寄せ力」を知りたいあなたへ』『お金の「引き寄せ力」を知りたいあなたへ』(以上マガジンハウス)など著書多数。『新月・満月のパワーウィッシュ　Keiko的　宇宙にエコヒイキされる願いの書き方』(講談社)は世界6ヵ国語に翻訳されている。

Keiko's パワーウィッシュアカデミー
https://mi-mollet.com/powerwish

Ameba公式ブログ「Keiko的、占星術な日々。」
https://ameblo.jp/hikiyose358/

WEBマガジン『Moon Sign』
https://www.ks-selection.com/blog

ルナロジーメルマガ登録URL（毎週日曜日配信）
https://bit.ly/2ZobXXb

Instagram
@keiko_powerwish_jp／@keiko_lunalogy
@ks_selection／@keikopowerwish（英語）

X（旧Twitter）
@Keiko_updates

Keiko公式オンラインストア
https://www.ks-selection.com

POWER
WISH
Note
2024

パワーウィッシュノート2024

2024. 3/25 天秤座 満月 − 2025. 3/14 乙女座 満月

2024年2月1日　第一刷発行

著者 ✦ Keiko（ケイコ）

発行者 ✦ 清田則子

発行所 ✦ 株式会社講談社

〒112-8001　東京都文京区音羽2-12-21

電話　03-5395-3814（編集）

03-5395-3606（販売）

03-5395-3615（業務）

KODANSHA

印刷所 ✦ 大日本印刷株式会社

製本所 ✦ 大口製本印刷株式会社

編集 ✦ 藤本容子

装丁・本文デザイン ✦ 渡邉有香（primary inc.,）

写真提供 ✦ Shutterstock